孩子，你可知我有多愛你？

# My Child, Do You Know How Much I Love You?

《孩子，你可知我有多愛你？》(Always Loved)
作者：布蘭特·拉克 (Brent Lokker)
譯者：劉建台
編譯者：馬弘 (Henry Ma)，劉怡君 (Teresa Liu)
排版：孫運瑜 (Christine Yunn-Yu Sun)
封面設計：Yvonne Parks
印刷：IngramSpark

英文原著於2015年出版。
未經作者書面許可，不得以任何形式或任何電子或機械方式
（包括影印、記錄或任何信息存儲和檢索系統）
複製或傳播本出版物的任何部份。
請直接向 www.brentlokkerministires.com 查詢。

中文電子書及紙本書於2020年出版。
紙本書國際書號：978-1-952700-00-2
電子書國際書號：978-1-952700-01-9
版權所有，翻印必究。

- 經許可使用經文：《新美國標準聖經》New American Standard Bible® (NASB)，洛克曼基金會 (Lockman Foundation) 於1960, 1962, 1968, 1971, 1973, 1975, 1977, 1955年版權所有。
- 經許可使用經文：《欽定本》New King James Version (NJKV)，Thomas Nelson, Inc. 於1982年版權所有。
- 經許可使用經文：《信息本》The Message (MSG)，NavPress Publishing Group 於1993, 1994, 1995, 1996, 2000, 2001, 2002年版權所有。
- 經許可使用經文：《聖經，新國際版本》The Holy Bible, New International Version® NIV®，Biblical, Inc.™ 於1973, 1978, 1984, 2011年全球版權所有。

- 經許可使用經文：弗朗索瓦・杜托伊特 (François du Toit) 的《鏡像譯本》The Mirror Translation (TMT)。www.mirrorword.net
- 經許可使用經文：《新耶路撒冷聖經》The New Jerusalem Bible (NJB)，Daron, Longman & Todd, Ltd 和 Randomday, Inc. 子公司 Doubleday 於1985年版權所有。
- 經許可使用經文：《聖經：修訂標準版》The Revised Standard Version (RSV)，美國國家教會理事會基督教教育司 (Division of Christian Education of the National Council fo Churches in the USA) 於1946, 1952, 1971年修訂，版權所有。
- 經許可使用經文：《聖經：新修訂標準版》(NRSV)，美國國家教會理事會基督教教育司於1989年修訂，版權所有。
- 經許可使用經文：《當代英文譯本》The Contemporary English Version (CEV)，美國聖經協會 (American Bible Society) 於1991, 1992, 1995年版權所有。
- 《基本英語聖經》The Bible in Basic English (BBE)，公共領域 (public domain)。
- 經許可使用經文：The Source New Testament (TSNT)，Ann Nyland 於2004年版權所有，Smith & Stirling Publishing 許可。
- 經許可使用經文：《聖經：James Moffatt 譯本》(JMT)，1922, 1924, 1925, 1926, 1935年版權所有。Harper Collins, San Francisco, California 於1950, 1952, 1953, 1954年版權所有。
- 經許可使用經文：《新約：威廉・巴克萊譯本》，Westminster John Knox Press 版權所有。威廉・巴克萊 (William Barclay)，The Estate of William Barclay 於1968, 1999年版權所有。
- 經許可使用經文：《街上的話》The Word on the Street，Zondervan 發行，Rob Lacey 於2003, 2004年版權所有。
- 經許可使用經文：《通用英語聖經》The Common English Bible® (CEB)®，Common English Bible™ 於2010, 2011年全球版權所有。

孩子，你可知我有多愛你？

# 聯合推薦

《**孩**子，你可知我有多愛你？》這本書的宗旨可以總括在這段經文裡：「我們愛，因神先愛了我們。」（約翰一書4:19）。要發掘這無法測度的愛，對很多人來說，一直都是很大的挑戰。作者布蘭特‧拉克提出了那些阻礙我們領悟這愛的種種謊言，並以真理取而代之，他為我們做了上好的服事。一章章讀下來，你將踏上天父大愛的發掘之旅，這愛是你不必辛苦賺取的。藉由明白天父眼中的你，你將因此備受激勵。這樣的認識，也將使你自然真誠地去愛那些受傷的人，並成就神國大業。

——比爾‧強生 (Bill Johnson)
《接待神同在》(Hosting the Presence) 作者
《當神介入》(When Heaven Invades Earth) 作者
美國加州雷汀市 (Redding)「伯特利教會」(Bethel) 主任牧師

**讀**此書時，我經歷到一波又一波柔情似水的深情。神愛的革新已經開始！布蘭特是一位神的情人，他將帶領你進入天父萬般的情懷中。這愛的洗禮是單單給你的，強而有力且熱情。藉著領受這愛，並給出去，將能轉化你的生命及四周。

——萊夫‧赫特蘭 (Leif Hetland)
《天堂的眼光》(Seeing Through Heaven's Eyes) 作者

**整**個教會界正因重新「視神如父」的真理，躍動了起來。若要認識神的任何層面，就要明白在所有名稱中，祂最渴望被稱呼的名稱是什麼。耶穌明白祂父親的心，因而吩咐我們這樣禱告：「我們的天父……」倘若神不要我們作為祂的兒女，也就不會要我們稱呼祂「父親」！重新視神如父是復興的核心，當這真理轟轟烈烈的被大家知曉，復興的果實和其影響力也將立即被證實出來，且延續下去。

父子關係的模範，不僅是文明社會的核心價值；它更是整個宇宙的DNA。謝謝你，布蘭特，在這精彩易讀的書裡，把我們天父慈愛的本像，清晰的闡明了。

——傑克‧泰勒 (Jack Taylor)<br>
「空間事工」主席，墨爾本，佛羅里達<br>
(President, Dimensions Ministries, Melbourne FL)

**因**著耶穌在十架上付了極大的代價，宇宙的主宰生出了祂的兒女們。在《孩子，你可知我有多愛你？》書中，布蘭特邀請你來親自經歷耶穌已付清並償還的：我們天父的真愛，喜悅和接納。

　　書中一章章向你招手，為使你得以享受，並經歷身為天父蒙愛之子應有的特權。你將發現，你會以相信自己是祂的孩子而活，而思，而想；當你走入這全備豐盛的神聖產業裡時，你便將天國帶入了世間。

——喬治亞‧班諾夫 (Georgian Banov)<br>
「全球慶賀」主席及聯合創始人<br>
(President and Co-Founder of Global Celebration)

**這**本書來自於一位曾經痛苦掙扎的僕人，在他領會到自己是一位蒙愛的兒子之後的著作。看見布蘭特神奇的蛻變，我對他，以及這本領人得自由，喜樂，平安的書，有絕對的信任。在你要經歷此書時，來準備脫離「力求表現」的陷阱吧！

——丹尼‧席克 (Danny Silk)<br>
《尊榮文化》(The Culture of Honor) 作者<br>
美國加州雷汀市 (Redding) 伯特利教會 (Bethel) 管理主任牧師

**耶**穌一揭示出全人類父親的真相，魔鬼和宗教就此出局了！「我們豈不都有同一位父親嗎？我們豈不是藉同一位神所造的嗎？」（瑪拉基書2:10）在神面前，我們發現，我們在世並不是偶然或意外，或由世上父母的期望而生，我們也不是單純的物理概念下的產物。我們的存在是神的心願，好藉著我們揭示祂自己。

感謝布蘭特・拉克勇於宣揚天父的真性情！這是世人最迫切需要且非聽不可的信息。

——佛朗索・杜妥耶 (François du Toit)
《聖經：鏡像譯本》(Mirror Translation) 作者

坊間有些很棒的信息，有些是意義重大的思維，另有是像這樣帶著火熱指令，為了革新大眾的神聖召喚。我決意每一個早晨醒來時，就先來領受天父對我的肯定，讚許和切慕之情。我深信這是世上最顯著的動力之一。耶穌是天父對祂兒女們心意的完美體現，是天父彰顯於世的楷模。在領受了天父的認定後，耶穌開始了事工。舊約結束於父親的心轉向兒女的心之未完大業，否則，咒詛將臨到。現世代其中最大的混亂（咒詛）之一，是孤兒的靈，它導致許多未婚生子的意識及生活型態。然而，為了能全人走進神的下一步（這步將席捲全世界，並帶來大豐收），我們就必須將天父對我們的愛，深植心中。

布蘭特深刻，由衷，且啟示性地寫下了這本書，書中帶著天國的重要發動力－天父對我們的肯定和喜愛。在讀此書時，我覺得被帶入了與神更深的愛中，並因其中的真理，而得著了醫治。有句話說：「有些真理，比時下應勢而生的思潮，更有力量。」《孩子，你可知我有多愛你？》是超越時空，劃時代的真理。坊間有些信息試著要培育你，然而，這裡的信息卻是為了更新你！復興正以更大的層面，降臨全地，而這真理將是其一的媒介，帶領前所未見，最壯觀的人潮，進入神的國度。

——祥・史密斯 (Sean Smith)
《先知福音事工》(Prophetic Evangelism) 作者
《我是你的記號》(I Am Your Sign) 作者
www.seansmithminstries.com@revseansmith

對於天父大愛的信息，我從不厭倦。我特別愛聽那些已充份活在祂愛中的人傳講。布蘭特就是這樣一位神的情人，自然而然地領受和給予神的愛，已成為他的生命。因此他寫這書的啟示，不只是激發我

們認識神,更是為了來經歷祂的愛。事實上,他挑戰我們來相信這愛是真的。

如同許多人一般,在學習領受這天父大愛的旅程裡,已徹底改變了我生命中的每一個部份。或許這是你第一次接觸到這個信息,它也將會改變你的一生。或許你已耳熟能詳,在此我要鼓勵你,不妨再次打開心門,因為這裡有更多的啟示是為了你寫的。

看似熟悉的標題,這信息,卻絕不能等閒視之!自認通曉,是很危險的,這會攔阻我們領受天父原本要給我們的。天父的愛,不僅是為了認知而已,經歷這愛更是必要的。透過布蘭特自身的經歷,故事和教導,本書將帶領我們一次又一次地與天父的愛相遇。

至於我,仍繼續學習從各種不同的角度來領受,並帶領他人蒙愛及深愛我們的天父。

無論你目前是什麼身份,來準備好升級喔!就在去年,這信息緊緊追隨著我,我發現,這真理在我恩賜上有舉足輕重的影響力。「在我行政上的恩賜」,我學到在管理和領導時,必須發自一顆兒子的心。就如同我親身的經歷一般,這本書將引領你進入你自己的旅程中,當你張開雙手擁抱你身為兒女的心時,提升將臨到你!

——保羅‧馬渥瑞 (Paul Manwaring)
《榮耀是怎麼一回事》(What On Earth Is Glory) 作者
《來自一位美善神的親吻》(Kisses from a Good God) 作者
美國加州雷汀市 (Redding) 伯特利教會 (Bethel) 高級領導團隊

哇!《孩子,你可知我有多愛你?》是本奇特的書,幫助我們一同連繫上天父的心。出自於真實的生活經歷,布蘭特帶著權柄來傳述這方面的信息。本書將帶來醫治,並藉由神的愛提升你到無限的境界。

——道格‧愛得生 (Doug Addison)
《光連事工》(InLight Connection) 作者
《解夢》(Understand Your Dreams Now) 作者
www.dougaddison.com

## 聯合推薦

**對**布蘭特這本《孩子，你可知我有多愛你？》，我感到相當興奮。這是神指定的時刻，為的是使這信息得以它嶄新的面貌呈現出來。我認識布蘭特已有許多年，他燃燒著對耶穌的熱情。布蘭特以他仁慈而親切的風範，活出了我們天父的愛，當你在他身旁時，不由得感到一種安然自在，被接納的舒坦。神藉著布蘭特的這些啟示，使我感受到一股新鮮的氣息。

我了解到，神對我們豐盛恩典的一些大愛真理被迷思，遮蓋了。布蘭特在此書，抽絲剝繭，一層層地揭開了天父的真貌。讀《孩子，你可知我有多愛你？》的字裡行間，你將被激勵，被觸動，被更新。你也將如同布蘭特一樣，發現我們的天父真的渴想你，而且祂正在慶賀你！

——陳潘 (Pat Chen)
加州瑞門 (San Ramon)「起初的愛國際禱告事工中心」
(First Love Ministries International Prayer Center) 主席
近華府白宮之「秘室」禱告室 ("The Secret Place" prayer room)
《與蒙愛者和神的深處親密相交》
(Intimacy With the Beloved and The Depths of God) 作者，國際講員

孩子,你可知我有多愛你?

# 目錄

| | |
|---|---|
| 作者謝詞 | 13 |
| 序：克里斯・韋羅頓 | 14 |
| 編譯者序 | 16 |
| 本書介紹 | 17 |

## 第一部：我是如此深愛著你，我的孩子！　　19
第一章：全心全意愛你　　21
第二章：愛你無人能及　　32
第三章：鍾情於你　　44
第四章：慶賀你　　56
第五章：一心成就你　　69
第六章：不惜一切代價恩寵你　　86

## 第二部：不用力的恩典，是你的！　　99
第七章：為你揭開天父的真心　　101
第八章：恩典的新約——難以置信嗎？　　112
第九章：來享受安息吧！　　127

## 第三部：住在天父的恩寵與祝福中，活出愛！　　151
第十章：認識你的偉大，並行在其中　　153
第十一章：愛能勝過一切　　173
第十二章：天父的祝福　　192

尾註　　199

孩子,你可知我有多愛你?

# 作者謝詞

**我**好得出奇的天父,祂成就了一切,使我在基督裡自由了;因此我可以徹底地享受身為祂倍受恩寵蒙愛的孩子,這個永不改變的身份!

我美麗的妻子,蘇珊 (Suzanne),在我們生命旅程的每一步都堅定地相信我,支持著我。我實在是無比的蒙福,我心愛的!

我兩位好兒子,德里克 (Derek) 和亞倫 (Aaron),你們帶給我的喜樂遠超過你們能理解的。因著你們,我認識到天父那極致父愛的天性,是我過去無法想像的!

我熾火教會的家庭和長老們,你們與我和蘇珊 (Suzanne),一起活出了這個極致的愛,恩典與尊榮的文化。一路至今,這是多麼奇妙的旅程啊!我相信,好戲還在後頭喔!

比爾‧強生 (Bill Johnson) 及克里斯‧韋羅頓 (Kris Vallotton),於加州雷汀市 (Redding) 伯特利教會 (Bethel),謝謝你們在過去的十二年中作我的屬靈父親,認可並肯定我成為一個偉大的人。我衷心地感謝你們!

我的父母(現已與耶穌同在),你們給了我最珍貴的禮物――一個愛,接納及肯定的深厚根基。你們真棒!

特別要感謝莉莎―安‧渥居 (Lisa-Ann Wooldridge) 和蘭妮‧蘭格愛牧師 (Rev. Lani Langlais),你們義不容辭地參與我的手稿校正,使這本書易讀易懂。你們太酷了!

最後,我由衷地謝謝我的好朋友,馬弘 (Henry Ma) 和劉怡君 (Teresa Liu),你們付出的愛心,我永遠感謝。你們將這本書,精妙地編譯成了中文,使天父的愛,得以深深地觸動到我世界各地的華人兄弟姐妹。你們美麗的心,真是令我讚嘆!

# 序
## 克里斯・韋羅頓 (Kris Vallotton)

這世界充滿了被傷害的人，他們渴望有親密的關係，卻怕被拒絕。我猜想這是人類有史以來最多失功能家庭的一代。破碎家庭，單親父母以及鑰匙兒童，在我們文化中變得如此之稀鬆平常，以至於當我看到帶著小孩的婦人時，我們習慣會先問她結婚了嗎？然後才問她先生的職業是什麼？這在在都造成了我們對天父的扭曲看法。對某些人而言，神好比一位高居天上的招商客，向世人略施小惠，以從他們身上得到好處。不，神不「利用人」，祂愛世人！對一些人而言，神好比一位憤怒的繼父，隨時需要找個出氣筒。這些人以為神在等著他們犯錯，然後將地獄之火臨到他們身上。不，這些看法，全都不是天父對我們的大愛，布蘭特在本書中，以強而有力地方式，指出了這些謬誤。

《孩子，你可知我有多愛你？》不僅僅是一本書；它更是由聖靈引領人，深入天父心懷的一趟旅程。布蘭特如同大師出手，不但以精闢扎實的神學闡明，同時也以切身的經歷，重新將天父呈現出來。他拆穿了污染人思想的假面具，這些謊言使人與天父的愛意及親情隔絕了。布蘭特向我們證明，神不是一位宇宙控制狂，忍受著祂墮落的創造，而是一位慶賀，又讚賞祂兒女的慈愛阿爸。

如果你感到心碎，並覺得被拒絕或被遺棄，或者你只是掙扎著，需要被愛的話，那麼《孩子，你可知我有多愛你？》是為你寫的一本書。它將在破碎的關係，背叛與凌虐的叢林中，披荊斬棘，以未曾想到的方式，為你開出一條活潑的康莊大道，將父愛直通你心！

我向你大力推薦此書，我也相信許多人將從奴隸營裡，刻薄寡恩的主人手中，得著釋放，奔向他們慈愛阿爸的懷抱中。

——克里斯・韋羅頓 (Kris Vallotton)
雷汀市 (Redding) 伯特利教會 (Bethel) 牧師

序

伯特利超自然事工學校 (Bethel School of Supernatural Ministry)
共同創辦人和校長
《君尊皇族的覺醒》(The Supernatural Ways of Royalty)
及《靈界戰場》(Spirit Wars) 等書作者

# 編譯者序
## 馬弘

身為一個信主三十多年的華人基督徒，回顧我過去信仰的路程中，不只是追求能否在罪中得勝，更多是不知道天父是否真的愛我？因此，我努力要做個全心討祂喜悅的人。多年來，我竭盡心力從事各樣的服事，學習攻克己身，叫身服我。然而，我內心總有一個聲音纏繞著說：「你不夠好，不夠愛神，不是忠心的好管家……要追求神，才能得到他的認可和祝福。」

多年下來，我累了，甚至對自己是否愛神都質疑了！這些困擾，也迫使我開始探索信仰的新旅程。

終於，神帶領我來到布蘭特牧師的教會。他是一位有天父心腸的牧者。十五年來在這愛的家庭中，我領悟到，成熟的關鍵在於領受天父的愛，並學習如何藉著安慰，造就及勸勉來培育這主愛的氛圍。

如今，我明白了主恩典的真諦，即是我不再需要做什麼，或不做什麼，來得到他的認可和他全然的接納。在母腹時，我就已蒙我阿爸父所愛，所喜悅了。我在祂裡面，已經是聖潔的，單單因我屬於祂，是祂的愛子。藉著耶穌在十架上成了的，這父子親密的關係，已然成就！我不但得以安然回家，享受父愛，且可以欣然做自己，享受這愛子名份下一切的厚恩，權柄，及愛的交流……等。我終於心安了！

當我第一次讀到此書時，便巴不得所有的華人都能藉此書來經歷天父的愛。這本書不單是道出了阿爸對我們百般的情意，更帶領我們細細品嚐，並享受這愛，讓祂這份柔情，在字裡行間中，深深地觸摸著我們的心！

願這本書，帶你走上愛的恩典之路。在這路上，愛你的阿爸父已向你展開雙臂等候著你！祂全心全意地向你顯明祂的愛，是何等地長！闊！高！深！因你是祂心所愛，所屬的孩子！

# 本書介紹

**神**正在追求祂親愛的人。祂向來如此。祂對我們的愛，永不改變。我們正活在一個天父對祂兒女驚人無量的愛中，一個啟示與日俱增的時代中，直到祂身為熾愛者的真情，昭彰於世，祂是不會歇息的。神最深切的心願，就是要與我們每個人建立親密的關係。

當我們經歷到天父的慈愛與深情時，不論我們經歷到什麼事，我們都能全然信靠這位全心鍾愛我們的神。與神親密，是我們心中每一個呼喊的答案。領悟並經歷祂偉大的親情，將使我們一路得勝。我深信，這就是耶穌應許我們要得豐盛生命的關鍵，使我們不但能活出，並且享受此生。

歷年來，雖然已有特定的個人，領悟了天父真正的心懷；然而，神一直切盼的是——興起一整個世代，來相信祂實在好得無比。我確信，我們就是這個世代，現在就是這個時候！神有超乎我們所求所想的屬天真相，正等著我們。藉著相信祂慷慨豐厚的心意，一直都是為著我們好，也從不與我們對立，才能邁入這些屬天的真相。

我選擇為激勵一整個世代而發聲，使人們能一勞永逸地放下—努力服事，來討神喜悅，將使我們更快樂，生命更有意義的概念。取而代之的是，單單來享受—這位也非常享受我們的神！這是我的邀請和目標。

如果你欣然領受了天父的愛，你將經歷一個充滿意義的人生，你的生命也會持續地滿溢，並以同樣的愛，啟發著你身邊的人。你已被邀請進入天父無限安息的喜悅之境，在這樣的從容自在裡，將領你一步步地進入與祂豐盛的命定之中。

本書不僅是為了你而寫，也是為了神能永遠地享受你！

乍看之下，書中的言論似乎有些唐突。事實上，我們是永恆的受造物，我們在世上所做的，對神永遠都重要。我們每個人都能夠藉著祂輝映在我們身上獨一無二的特質，來榮耀祂。就讓我們以捨我其誰的心，以神設計我們要發光發熱的特質，映照出祂的榮光吧！

對於正在尋找是否有神的人們，我嘉許你們探微求真的勇氣。我想介紹你們認識這位完美的天父，祂一直等著向你顯明真實的祂。

　　對那些視神如遙不可及的父親，覺得無論自己多麼努力，都無法取悅祂的人們；或是覺得神正在等你犯錯，好藉此懲罰你的人們；我寫這本書，是為了在你心中點燃盼望之火。我有個好消息要告訴你：神的心意是要祝福你，不是要懲罰你。請快來熟悉這位天父爸爸，祂非常喜歡你喔！

　　我寫這本書也是為了觸及那些對神的愛，感覺卡在知識和理性上的人們；或許你感到挫折，因為不知道如何從頭腦的理性，走入心靈的領受，期盼能夠與天父的深情相遇。我有個大好消息要告訴你：神要你經歷祂的親情，甚至比你更加的迫切，祂全心全意地，要你來享受與祂愛的相遇。

　　對那些正經歷天父心懷深處的人而言，這本書將是一本旅遊導覽，帶你去更多好玩的地方探索。在這與天父同行的旅程上，你永遠無需感到失望。祂已清楚地聽見你想與祂更親密的呼求，而且阿爸總是肯定的回答：「是，好的！」

　　為了協助你經歷這趟旅程，在每章的開頭，會有一段來自天父的真心告白，直入你心的宣言。一路上，我提供了一些實際的建議，以更明確的方式，來幫助你連於主對你的萬般深情。在每章的最後，附有一些用來默想與回應的題目，可以幫助你個人進入更深處；也可作為小組的討論與分享。本書最後一章，有一段天父的祝福，在你需要的時候，可以隨時提醒自己是何等蒙愛，何等被神切慕著。

　　我為每一位讀者禱告：你與天父的真實相遇將會與日俱增，也將不斷地引領你進入與祂更深的親密關係之中。在閱讀本書的同時，若聖靈何時以你渴望聽見的真理，觸摸到你的內心時，請停一停，細細品嚐這一刻，盡情浸泡在神對你的恩慈中。真理使你得自由，當主以認可接納的話語使你得自由時，你也將以一種全新的方式，來看待自己的生命。我們的目標不是趕緊讀完一遍，在待辦事項中劃掉一項，而是每時每刻，都來享受與主親近的溫馨時光。

　　此時此刻，祂正在等候著你。

# 第一部

## 我是如此深愛著你,
## 我的孩子!

孩子，你可知我有多愛你？

# 第一章

## 全心全意愛你

❦

我的孩子！我是你的阿爸父，你屬於我。
且讓我來吸引你，讓我來愛你！
請不要畏怯我對你完全的接納。
我的愛，是宇宙中最強大的力量，
這愛，全神貫注於你，因你是我所切慕的。

「阿爸，再說一遍嘛！」在我對他們讀完奇幻探險的故事後，我那兩個剛學走路的兒子會對我這樣說。

我們的天父也喜愛跟我們講故事，祂喜歡聽每個人像天真的孩子一般，驚奇的喊著：「阿爸，再說一遍嘛！」祂樂此不疲。且聽聽一則來自祂內心的故事：

天父的至寶……

「很久很久以前，有一個特別的至寶，其之美妙，豐富與完美，絕非世間任何語言能夠描述。儘管世上不乏尋寶者，但是他們尋找的卻是屬世的財富，似乎和最偉大，最價值不斐的至寶擦身而過。然而，我關注這至寶的視線從未離開。我，作為國度的君王與統治者，必須不惜一切代價擁有它。

「有一天，我差派我的兒子，他是位披掛黃金盔甲的勇士，來到人間尋寶，並將尋回的至寶帶回來歸我。我們都看見了這至寶無上的價值，也聽聞了這活珍寶，期望被尋獲的呼聲。勇士臉上神情堅決無懼，向我起誓：『我將帶至寶歸你，我父我王，我必帶回這至寶歸你！』

「剎那間，勇士尋得了這至寶，但也並非沒有險境。因為那黑暗惡

者在一旁虎視眈眈，企圖要竊取那至寶，並永遠據為己有。惡者驚恐地看了騎士一眼，便知道自己區區之力，絕非勇士無上大能的對手，所以他便兇惡地拔劍出鞘，轉向那至寶，惡狠狠地說：『如果我得不到你，別人也休想！』

「正當利劍在狂怒中，猛然刺向那至寶時，勇士飛身過來擋住利劍，利劍正中他的心臟。在嚥下最後一口氣時，他高喊：『這一切都是出於我的愛！』然後他就頹然倒地不起。

「黑暗惡者，在雖勝猶敗中，尖聲地恥笑：『你這大傻瓜！你這麼一死，這至寶就永遠是我的了！』

「突然間，毫無預警地，一道燦爛奪目的光芒，由內到外充滿著勇士。他以超人的力量弓起背，從地上一躍而起。那把穿心利劍霎時間消融於無形。隨後，勇士大能的手重重一擊，便將惡者擊倒在地，並將他永遠銬上手銬腳鍊。勇士看著一敗塗地的惡棍，高聲喊道：『這至寶歸我所有，你休想再染指竊取！』

「披掛黃金盔甲的勇士雙手捧起那至寶，獻給了我，因我才是它真正的歸屬者。

「你知道嗎？這至寶，既非一袋黃金，亦非無價之畫作，也不是價值連城的珠寶。這至寶……就是你，我的孩子！對我而言，你比一切更珍貴，更有價值，你永遠與我同在，你本是跟我在一起的。我一直都切慕著你，永遠不會讓你離開我。我冊封你為皇家勇士，我要賜給你我的眼光，來環視全地所有的至寶，並告訴他們我是一位良善恩慈的君王。帶著我賜給你的權柄，將他們安全地帶到我面前，這正符合了一位皇家勇士的身份。」

凝視著我們天父萬般深情慈愛的雙眼，我們在驚奇中張口結舌，一時語塞。

事實上，我們還有一句話正脫口而出：

「阿爸，再說一遍嘛！」

## 稱呼神為「阿爸」可以嗎？

你也許會想，稱呼耶和華至高聖潔的神為「阿爸」，是否大不敬呢？大不敬，是唯恐，沒能將其配得的無上尊榮與尊貴歸給祂。然而，耶穌來到世上，是為了向世人顯明被人誤解的天父，並將這一切的尊榮與尊貴都歸給祂。耶穌是我們與神相近契合的模範，這樣的契合遠遠超過我們的理解。他鼓勵我們稱呼神為「阿爸父！」使徒保羅也告訴我們同樣的事，我們領受的乃是兒子的心，使我們能呼叫：「阿爸父！」[1]

> 為了確保並封存我們的兒子位份，神就差這兒子位份之靈，好在我們內心迴盪著阿爸；如今在我們內心深處，我們得以認祂是我們真正親愛的父親。（加拉太書4:6 TMT）

希伯來文中的 Abba 阿爸一字，是你能用來形容父親的稱呼中，最為親密，親切如純真孩童般的字眼。最接近的英文字或許是 Da-Da。

想像一個剛學步的幼兒，渴望來到他阿爸既好玩又安全的懷中。因此他舉起小手說：「上上，Da-Da！」看到他稚子溫柔的請求，哪個好父親的心不會融化呢？你天父的心早被你融化了！我跟你保證，如果你以這孩子一般，天真甜美地向祂呼求，祂絕不會以為你是大不敬的。不，祂樂得將你摟在懷裡，含情脈脈喜悅地看著你，給予你愛的安全感。

然而，多數人經歷到某種「時差」，就是在我們靈裡知道了這是真的，情感上，卻稍後才跟得上來──似乎大腦與情感，對不上。要縮短真實經歷天父大愛的落差，其中一個關鍵的方法，就是使用你的聲音。藉著大聲說出來，讓自己聽見，將會更容易把它內化成為自己的經歷。

多年前我經歷了脫胎換骨的改變，是因著我大聲說出了一句話，這使我活在相信神真正愛我的篤定中。我滿懷熱情地說出來，並且張開雙手歡迎祂的同在，如此這般，一天好幾次，直到在內心深處深信不疑為止。

「阿爸，祢愛我！」

我鼓勵你現在就試一試。或許一開始會有些彆扭，特別是你不曾以

如此親密的方式來親近神。如果你想用更特別或更親的字來稱呼天父，就放手去做吧！但要確定這個字，傳達給你的是柔情蜜意。就算你還沒感受到絲毫的暖意也大聲說出來，真心地說出來吧！請暫時放下這本書，然後做做看。

「阿爸，祢愛我！」

你覺得如何呢？對我們一些人而言，單是用聲音說出來，就已經是一項大突破了。無論你是否感受到祂的柔情蜜意，請再說一遍，然後在此留連片刻。如果你什麼感受都沒有，請不要灰心！相信我，假以時日，這將對你與天父之間的關係，會有革命性的改變！請說出來，一日多次，真心誠意地說，然後留意看看發生了什麼。如果你跳過了這個練習，現在就回去大聲地說出來，真的！

## 為愛而受造

每一個人，都有被愛的基本需要。我們與生俱來就有一種無法滿足的渴望——得著一種能滋潤生命的真愛。少了愛和接納的滋養，人們就會憔悴，失去活著的盼望。研究顯示，沒被愛的肢體接觸過的嬰孩會夭折。[2]

不只是嬰孩才有愛的需求。各種年齡的人，缺少了愛，都將雖生猶死。對某些人而言，那是一種槁木死灰的形式，雖然日曆上的日子一天天過去，但他們已經萬念俱灰，行屍走肉。試圖以各種形式的縱慾，來麻痺孤寂感，也不能稍稍緩解這樣的痛苦。對某一些人而言，甚至是採取自我毀滅的形式，圖個一了百了的解脫。

天父為祂的子女心碎。神是愛，就在此時此刻，祂正以無微不至，包羅萬象的愛環繞，充滿，浸透祂所造的萬物，這包括了每一個人！

祂對你的喜悅與歡欣，正在破除你感受到的孤寂感。祂無可抗拒地將你拉近。你在天上的父，你的阿爸正向你大聲呼喚：

「我的孩子，我愛你！聽我的心聲。我一直都愛著你！」

## 你屬於我

我有兩個很棒的兒子,德里克和亞倫,現在都已是翩翩少年了。當他們呱呱墜地時,我興奮無比,在他們出生後的幾秒鐘,我便將他們擁入懷中。抱著我的新生兒時,我的情感潰堤,流下讚嘆敬畏的淚水。我情不自禁!這是言語無法形容的奇蹟。

我顫抖著雙手,將我俊美的兒子溫柔地一把抱在懷裡,這帶給我的喜悅,深深感動了我。我感受到對兒子無盡的愛,他們是我的滿足和喜悅。他們絕對是完美的!令我震驚的事實是:我兒子無需做任何事使我愛他們。不需要,我已經深深熱烈地愛著他們了。我以他們為至樂的原因只有一個:他們屬於我!對他們強烈的歡欣喜悅之情,刻骨銘心,令我情不自禁地思忖著:「我怎麼已這麼愛你了?」

這樣的愛與喜悅,正是你天父時時刻刻對你的感覺!祂對你的柔情蜜意,永不改變。你就是一直躺在你天父爸爸懷裡的那個無助小嬰孩。令人震驚的事實是,你無需做任何一件事讓祂來愛你。祂就已經愛你到底了!

---

> 神愛你,不是因你為祂做了什麼,或沒做什麼,
> 而是因為你是祂的。就因這樣!祂百分之百為你著迷!

---

祂驚嘆地凝視著你,說:「我寶貝的孩子,你不知道,你對我做了什麼。你是我的。你何其珍貴美麗,你正是我一直想要的一切。當我造你時,你就是我的美夢成真!」

這裡有些聖經裡關於天父心意的真相:

> 你們看,天父豐豐富富傾倒給我們的是何等大的愛,使我們得以被稱為神的兒女,我們的確是!(約翰一書3:1 NJB)

> 神賜給我們生存,動作,並成為我們之所是的能力。正如詩人所言:「我們是祂的兒女。」(使徒行傳17:28 CEV)

這是個大好消息！你並非好像是神的孩子。你就是神的孩子。這不是一個只讓你感覺良好的比喻。事實上，你就是照著神的形像造的兒女。天父爸爸已經選擇你歸屬於祂，隨之而來的是，家族成員的一切權利。

保羅在說明神對我們不同凡響的愛與情感時，這樣說：

> 神當受頌讚！祂是至大的福份。祂是我們主耶穌基督的父，帶我們到各樣福氣的高處。早在祂創立世界之前，祂便把我們放在祂心上，且已選定我們作為祂鍾愛的對象，使我們在祂的愛裡得以完全，成為聖潔。亙古之前，祂便決定藉由耶穌基督收養我們進入祂的家庭。（祂在計劃這一切時是何等的喜悅！）祂希望我們藉由祂愛子的手，進入祂所賜予那豐豐富富恩典的慶賀中。（以弗所書1:3-6 MSG）

誰是這位慷慨大方的父親呢？誰能以這樣熱切的摯愛來愛你呢？你絕非神的後見之明，你一直就是天父的心之所繫，祂讓你在歷史洪流的此時此地來到世上，因在創世之前，祂便對你有個計劃。對祂而言，世界的創造甚至次於你的創造，你在神的心中是何等重要，何等特殊呢？祂創造你的目地，就是要帶你到祂「各樣福氣的高處」裡，永遠浸泡在祂的愛與恩典中得著滿足，直到你全人飽足為止。

關於你，祂的心意已決。祂已經選定你作為祂鍾愛的對象。在你出生前，在你有機會這樣被愛之前，祂已經做好了決定。請來熟悉祂對你的心意，且越早越好喔！

## 一趟進入父懷的心路歷程

全心來認同天父無盡的愛，接受你是祂的寶貝孩子。這將大幅翻轉你的生命，是無一物所能及的。

我在一個基督教家庭中長大，從小我便對神的愛有些認識。少年時，耶穌成了我的好朋友，我接受了祂給我全然的寬恕。此時，我也重

生成為一個新造的人。³ 二十出頭時，我戲劇性地遇見了聖靈，祂也與耶穌同樣的真實了。我很樂意另寫一本書，來詳述我與聖靈的結伴之旅，我之所以能更深地意識到神甘甜的同在，這趟經歷是不可或缺的。在你的屬靈旅途上，來和天父，耶穌以及聖靈親密地相交，獲益將無法衡量。

我的旅程，使我成為了一位牧師。我有幾次與神相遇的奇妙經歷，敬拜祂，是我生命中極為重要的一環。儘管如此，我仍常自覺是個在外頭張望的門外漢，希望自己做得夠多，希望祂不會因我屢屢的失敗，對我失望。

切盼能與神更深的相交，渴慕更多認識並經歷聖靈，促使我在二十世紀九十年代，展開了一段為期數年之久的追求之旅。這渴慕，將我帶到了各地可以明顯感受到神同在的復興熱點。我造訪了安那翰葡萄園 (Anaheim Vineyard)，多倫多祝福 (Toronto Blessing)，布朗斯維爾大復興 (Brownsville Revival)，史密斯頓聖靈澆灌 (Smithton outpouring)，堪薩斯市的國際禱告之家 (International House of Prayer in Kansas)，還有許多較不著名，卻被聖靈明顯觸摸的地方。在許多方面，這追求之旅是好的，然而，我總覺得差那麼一個真正與神相遇的經歷。似乎我想要的一切總是可見，卻不可及。

接著神在祂的良善中，帶我走過生命中最困難的一段日子。當時我所有的希望和夢想都被撕碎，化成了一地破爛不堪的碎片。（我將在第五章「一位一心成就你的天父」裡進一步說明。）我覺得自己像個行屍走肉的空殼，也相當確定神對我大失所望。我心碎了。有幾個月的時間，我發現自己在一個靈性的迷宮中遊蕩，問著神最基本的問題：「你還愛我，是吧？就算我把一切都搞砸了，我還是你的孩子，是吧？你不會放棄我的，是吧？」

就在這破碎不堪之時，天父開始向我表明祂不變的承諾——祂照著我的本相愛著我。在一次難忘的加拿大之旅，正當我飽覽尼加拉瓜瀑布的壯麗景致時，我遇見了神！那是令人驚奇，屏息凝神的一幕——澎湃洶湧的白色巨凍大水，分分秒秒在我身上掠過，然後以千軍萬馬之勢，直墜谷底的岩石中。此時，天父開始溫柔地向我說話：**我的孩子，我對**

你的愛比你此刻所見的景致，更浩大無涯，更驚心動魄。眼中淚水開始湧現。祂繼續向我示愛。我將你捲入我情比石堅的愛的激流中，無一物，能將你從我手中奪去。我將以你所配得的愛來愛你，以你可以感受到，且無可否認的方式，向你彰顯我的一片深情。

接下來幾天的時間，我只能用被愛沖昏了頭的浪漫情節來形容。神引領我的腳蹤，好讓我發現加拿大一個又一個美麗的公園。我們一起漫步在這些景致中，就只有天父爸爸和我兩人，祂向我傳達了一個直接，且刻骨銘心的訊息：

我愛你，我的兒子！

但是爸爸，我不以為然地說：我把事情搞得亂七八糟的。

不稍減一絲對我的愛，祂說：

我兒，當你覺得春風得意時，我愛你；

當你覺得一敗塗地時，我愛你。

當你覺得自己功成名就時，我愛你；

當你覺得蹉跎生命時，我愛你。

你認為一無所獲的日子，我愛你；

與那些你認為收穫滿滿的日子，我愛你，都是一樣多的。

我愛你，已是無以復加，亦無從減退。

我愛你，正因我愛你。

我愛你，正因你屬我。

我愛你，現在如此，將來也是如此。

我愛你，我兒！

聖靈讓那些我讀了數百遍的經節，活了起來。突然間，天父欣然喜悅之情，就像是只對我一個人說的。

> 布蘭特，我以永遠的愛愛你，我信實的愛依然不變。（耶利米書31:3 NJB）

> 雖然千山萬嶺為之撼動，我對你，布蘭特的慈愛永不遷移，我平安的約也是如此，這是憐恤你的主所說的。（以賽亞書54:10

NIV）

然而神既有豐富信實的慈愛，藉著祂愛我們的大愛，就在我們死在過犯中的時候，便叫我們與基督一同復活，布蘭特，你們得救是藉著恩典。（以弗所書2:4-5 NJB）

我開始領悟並觸摸到保羅在以弗所書3章14到19節中，描述我天父之愛的長闊高深：

震懾於恩典所傳達的一切，我在天父面前屈膝跪下。天上地下的一切家族，都起源於祂，祂依然是每一個民族真正且最初的身份。我渴望你明白，天父已給了你祂無盡的資源。如此一來，在你的內心，就得以靠著神的靈，活潑且堅定。這將會提升你的信心，使你有能力全然領悟到基督內住的真實。你紮根於愛，也建立於愛。愛是你無形內在的泉源，就像是樹根和建築物的根基一樣。（你內在生命的寬廣深長，超過任何可能定義你的度量衡。）這是你超然力量的泉源，使你與眾聖徒一樣，一同明白（接受，得著）祂愛的長闊高深的浩瀚無涯。我渴望你在最深處親密地熟悉基督的愛，這愛遠遠超過學術與知識上的領悟。在這樣的方程式裡，神在你身上找到了祂自己終極的呈現（如此你便能充滿神的豐富）。(TMT)

那幾天我因衷心感激和釋放，哭嚎所流的淚，比我記憶中的任何一次還多。壓力，終於消失了！我甚至都不知道自己有揹著千斤重擔，就此，已被挪去。

---
**雖然我一路上錯誤百出，**
**我的阿爸父對我，絲毫不感到失望。**

---

祂反而如同大師出手，使用我生命中的每一個境遇，帶領我經歷並接受，祂那我聽過多次（作為牧師的我，甚至經常傳講）的無條件的

愛。

顯然地,我的生命與我的夢想必須破碎燃燒,好叫我明白過去從不明白的真理:無論我為神做了什麼,或沒做什麼,我都是被接納,被肯定的。我生平第一次從下沉的感覺中,完全地被釋放出來;在追求之旅中,總有個求而不得的感覺,現在終於得到了釋放。我天父斬釘截鐵地讓我知道,我兒,你的尋尋覓覓結束了。你所渴求的親密,點點滴滴都是你的。我毫不吝惜,沒有不想給你的。前來享受我,正如我享受你一樣多吧!

那就是,真自由!

我所發現的愛,也是你天父一直對你的愛。神是愛。[4] 愛並非祂所表達出來的東西,愛是祂一切本質之所是。祂不能是祂所不是的。祂的所作所為都是出於愛,也滿溢著愛。

現在來花點時間,與神分享你內心的感受。盡可能地真實吧!相信我,祂能全盤接受!讓祂知道你需要從祂那裡經歷些什麼,人生才能感到完整幸福。請祂向你彰顯祂的真貌,而非你所以為的祂。祂是一位無與倫比的慈父。

## 默想與回應

- 知道你是天父的至寶,這對你個人的意義是什麼?這將對你和祂的關係帶來什麼不同的影響嗎?
- 當你說:「阿爸,祢愛我!」時,有什麼感受呢?如果是正面的感覺,請祂帶你進入更深處。如果是負面的感覺,請祂來,醫治你心中那些很難接受祂愛的部份。
- 在你認為,最親密稱呼父親的字是什麼?為什麼?這稱呼,曾帶給你什麼美好的回憶嗎?在你和祂交談時,請試著用這個字稱呼祂。要發自內心喔!
- 在這靈命的旅途中,至今,你對神的追求是怎麼樣的情形?有什麼是你求而不得的嗎?請阿爸天父帶你去逛逛祂的國度,裡面全

是你的。
- 請主顯明祂對你前所未有的真實。

# 第二章

# 愛你無人能及

我是個好爸爸,
每一天,我都會以恩慈來待你。
不同於任何你所知的父母,
不同於家暴或怠忽的父母,
我比你知道的最好父母,好得多了。
你越是認識我,就越能愛我,信靠我。
就算你還在學習信靠,我對你的愛也永不改變!

如果我要你向三歲小女孩解釋大峽谷的雄偉壯闊,這會是個不可能的任務,因為三歲小孩還無法在心中三級跳,一下子跳到抽象思考的層面。你可以說:「好大啊!」但是對三歲小孩來說,大象也是好大啊!你可以說:「大到可以把你住的城市塞進去」這對小孩子來說,也毫無意義,因為她完全不知道自己住的城市有多大,她也沒有能力將它和從沒見過的地方做比較。最好的方法是帶她到大峽谷見識一番。當你握著她的小手,站在廣大遼闊震撼人心的峽谷邊,她會大聲說:「哇!」這也許就是最好的描述了。在親眼見識過大峽谷之後,她才知道大峽谷真的,真的好大。她除了「哇!」之外,或許找不到別的形容詞了。

同樣的道理,我們如何了解,並經歷這位完全超越我們心智探索能力的天父呢?當我們說,神的愛永無止盡,也毫無條件時,是什麼意思呢?我們也像這小孩,試著去接受浩瀚到我們無法領悟的東西。當我們無法明白一個觀念時,我們大腦就開始去尋找一個類似的東西,來做比較。這就是何以會對我們的天父,有些錯誤的觀念了。我們能想到最接

近的,不外乎是地上的父母,祖父母,也許是在我們生命中扮演重要角色的牧師,老師或教練。如果這個人有愛心也對我們不錯,這倒還好,但這與神實際上有多好,還是天壤之別的。如果這些地上的模範曾經重重傷害過我們,那麼我們對這位作為父親的神的觀念,通常可能是極度扭曲的。

我要做的,就是牽著你的手,帶你到我熟識的天父面前,讓你親眼目睹。這就是本書的目的。很有可能,一旦你一窺天父的廬山真面目,你也會說:「哇!」這也許就是最好的形容了。或許,你的頭腦永遠無法完全認識,祂的所是(若非如此,祂豈不比你還小,這可不是件好事呢!)或許你也永遠沒法完全領悟祂的美善,但你仍然可以從內心深處,讚嘆地說:「哇!」

然而,你的靈,無時無刻都與神的靈直接連繫著。[1]

這就是為什麼你能感受到神的愛,雖然它遠超越你頭腦的認知。

---

**聖靈與我們的靈,是直接連繫著的。因此,在內心的最深處,你可以經歷到天父對你的柔情蜜意。**

---

這就是「哇!」的出處。

> 祂的靈,迴盪在我們的靈中,確認了我們是起源於神的事實。
> (羅馬書8:16 TMT)

## 神的良善沒有止盡

在伊甸園中,亞當和夏娃享受與神親密同行的福樂。當蛇一來,便挑戰他們去懷疑祂的良善。這個技倆,從沒變過!直至今日,在人生諸多不確定中,我們必須回答一樣的問題。「神真的很好嗎?」你的答案,將決定你的人生觀,也將影響你心中喜樂平安的程度。

仇敵不想讓你明白,你從未與神的愛隔絕![2] 自從耶穌基督奪去了魔鬼這隻紙老虎的權威[3],讓它棄械投降以來,仇敵手上只剩下一張牌可

打，那就是欺騙！如果你信了它的謊言，它就可以控制你。你的元帥，耶穌的來到，是要將祂榮耀的真理，照亮你心，好讓仇敵的謊言失效。耶穌藉著提醒你是君王兒女的身份，來持續揭曉天父的真心。

藉著聽見，並接受愛你的天父的心聲，那些重覆播放著「你不行，不夠好」的破舊錄音帶，便失去傷害你的力量。過去那些困擾你的諸多問題，便有了篤定的答案。

> 神受夠我了；還是深深愛著我？
> 祂在忍受我；還是以我為榮？
> 祂設法讓我毫無長進；還是祂喜悅我，設法造就我？
> 祂樂見我侷促不安，懲罰我的失敗；還是祂正在履行給我的應許，以得勝，領我走過這一生，進入祂等候的懷抱中？
> 神對我怒目以待，還是愛我若狂呢？

就我個人而言，在聖靈勢不可擋的幫助下，我已篤信神的良善了。神浩大不變的良善，早已在我心中成了定案，無疑。但這並不表示我對發生的事都有答案，而是在我內心深處知道了，神的良善，比我想像的還更好，也比我有限的眼光大得多了。

如果你認為，神只比你所認識最好的人，稍微好一點，善良一點的話，那麼這和實際的真相，就相差億萬里了。我們的天父，完全有別於我們認識的任何人。祂以無窮盡的大能擔保——祂是完全良善，完全恩慈，完全慈愛，永遠都為我們設想著。

---

**接受神真的很好，其實際的應用是：
每當環境與神良善的真理不符時，
就選擇不接受你對自己和環境的評論。**

---

你痛苦時，不要否認神的良善，這是很重要的。同樣重要的是，不要輕賤自己，因為這麼做，你是在批評神所鍾愛，並照祂心願完美塑造的人。看輕自己或是自慚形穢，絲毫不榮耀神。當你這麼做時，你是在接受仇敵的謊言。一旦，你領悟到神對你是良善的事實時，你將會以神

的眼光來看待人，展開所見皆美善的使命！

　　有一天，一切都會真相大白。到那日，你對神的良善將永不再懷疑。在那之前，來信靠祂的應許吧！

> 我必歡喜他們，使他們得到福樂。（耶利米書32:41 NJB）

> 神能照著運行在我們心裡的大力，充充足足的成就一切超過我們所求所想的。（以弗所書3:20 NKJV）

> 我是主，我永不改變。（瑪拉基書3:6 NKJV）

## 你是透過什麼眼光來看呢？

　　是否要信靠神，並親近祂，很大部份取決於你的意願。如果你相信祂是不安全，喜歡掌控人，或是輕易發怒，你將對祂避之唯恐不及。這是與生俱來的求生本能，若能選擇，我們不會將自己置於險境的。然而，神是愛你的天父，祂總是在為你著想，祂以無盡的大能施恩予你，那麼避著祂，無疑是自己的損失了。

　　我們每個人都曾透過了一些被經驗染色過的眼光，來看待人生。你在本書第一章讀到許多天父如何愛你的事實，然而，有多願意相信這些真理，則與你是透過什麼樣的眼光來看有關。如果你父母或其他重要的人，濫用權力來傷害你，要你相信神為了你的最大益處，一路施恩予你，就變得困難得多了。如果你成長過程中，被說得一無是處，要相信神安慰的話語，相信你是完全照天父的意願造的，祂非常喜歡你，那就更加難以接受了。如果你成長過程中，得到的訊息是，你怎麼做都不夠好，那麼你天父接納你，又認可你的聲音，一開始聽起來就像是假的一般。

　　你們有些人聽到的謊言，有些人忍受過的虐待，可以寫出一長串，因為太長也太痛苦，這裡就先不談了。但是，我可以告訴你一件非聽不可的事嗎？每次有人說謊來貶損你的形象，每次有人濫用權力來剝奪你的赤子之心時，你的天父為著你哭泣。祂所愛的珍寶被毀損，被惡待了，從來就不是祂的意願。企圖摧毀我們的，是我們的仇敵，也就是魔

鬼及其惡靈大軍。如果我們將一切發生的事，不論好壞，都歸咎於神的話，那就中了仇敵的詭計，也讓它偷走了我們受造，本是為了享受與神親密相交的目地。

---
### 神是良善的，魔鬼是邪惡的。
### 我們切切不可將兩者混為一談，這是極其重要的。
---

神賦予我們自由意志，有時這也可能造成痛苦與悲劇。當我們在恢復的過程中，若願意與天父的心意保持連結，神會有辦法將一切奇蹟地翻轉，成為對我們有利的事。你的天父知道你生命中每一件發生的事。[4] 祂有十足的能力，以祂的愛與恩慈來撫平你的傷痛。祂對你說，我要以你配得的方式來愛你。我要待你如同王子公主一般，直到你深信不疑，要因你是我的至寶，抬頭挺胸。

神正在你心思的硬碟裡，掃除你的謊言病毒，灌入祂認可的話語，直到你只剩下初始的程式。這使得你的作業系統，以天堂的設計模式運行——清楚地看見那位一直切慕你，為你預備一切美善的天父。令人驚喜的是，越是接受祂的升級並相信祂，你就越能真實地活在祂的心意中。我現在要對你宣告：天父正在給你祂愛的眼光，透過這眼光你能更正確地看待自己和你的環境。此時此刻，來領受神給你的升級！

## 一位安全的阿爸

最近我在一個特會上講述天父的愛。會後，一名二十出頭的年輕人艾倫走上前來。他說：「當你說，你會為兒子付出一切，天父也會為作為祂兒女的我們付出一切時，我真的很難理解。我很難相信，世上會有父親肯為自己的孩子付出一切。我爸爸家暴，從沒流露過親情。無論我做什麼，都不足以取悅他。」

艾倫面無表情地注視著我，繼續說道：「我很難了解一個肯為我付出一切的天父，因為我從來沒有一個這樣的爸爸。我要怎麼做，才能經歷到神是這樣一位眷顧我的父親呢？」

我為這年輕人心碎，因為他的故事再熟悉也不過了。他代表我過去這些年來接觸過的數百人，他們的父母，有人酗酒，有人暴力，有人虐待，有人過苛，有人無法取悅，有人一味溺愛，有人壓抑情感，有人只想掌控，或是完全缺席。有太多太多人成長的家庭是混亂的戰場，孩子所能做的只是閃躲找隱蔽處。本書難以一一詳述這些屢見不鮮的可悲情況，仇敵卻企圖利用這些心痛的經驗，要讓他們一直覺得自己被困住，孤獨，而且與天父的愛是隔絕的。[5]

　　然而，天父不會坐視你一直被欺騙而不顧，祂會闖入你的生活中，以祂恆久的認可和鼓勵來拯救你。

　　與其聽信舊調重彈的謊言：「你不會有出息的啦！」來聽信那位以你為榮的天父說：「你真棒，前途無量，我的寶貝孩子！」

　　與其聽從腦海中重覆播放的破舊錄音帶：「你又做錯了，你這個笨蛋！」來聽阿爸鼓舞你的聲音：「對我而言，你是完美的，你做的，遠比你以為的好得多了。再接再厲喔！」

　　阿爸絕不會用羞辱你的方式，使你有好的表現。祂是，即使你都不相信自己了，仍然一直相信你的那一位。

　　祂要你知道：

　　　就算你被遺棄，我對你不離不棄。
　　　就算無人向你流露親情，我會不惜一切代價恩寵你。
　　　就算你父母生氣，對你又吼又叫，我會一直溫柔細語對你。
　　　就算你父母不在乎你，怠忽教導；我樂意以我的孩子的位份，培育你，使你與我的聖潔有份。
　　　就算你處處碰壁，我接納你成為我的人！[6]

　　我滿懷惻隱之心地看著艾倫受傷的雙眸，並和他分享真理。當真理打動他內心深處時，他不禁熱淚盈眶。我和這位年輕人所分享的，也在此和你分享。你在天上的父親對你說：

　　　我親愛，親愛的孩子，我全心全意地愛著你！我的愛不是掌控，

我也不是一位嚴苛無法取悅的父親。在你做任何事來贏得我的深情之前,我早已喜悅你了。來靠近我一點,讓我向你表明不變的愛。讓我抹去你的淚水,這過去,挾制了你的前程,那些本是我託付來照顧你,保護你的人,對你的錯誤對待,絕非出自我的心。我將以你真正配得的方式來愛你。我要向你顯明,我是那一心為你最大好處著想的天父,我要向你表明我完全的愛與保護。我要把仇敵過去在你生命中造成的種種惡事,化為既美麗又有意義的人生。當你深信我的良善,選擇接受我對你的溫柔情意時,這一切將會發生。我是那位你一直想要,又需要的安全阿爸。我一直都與你同在,也一直為你設想著。我的心永不改變。

## 選擇寬恕不完美的父母

唯有神能將仇敵計劃的惡事,轉化成你生命中非常美好的事。為了使你能進入祂愛的富足裡,祂要賜給你勇氣,去饒恕你的父母,以及傷害你的人。如果你曾被深深傷害過,你也許很想跳過這一段。或許寧願相信你永遠無法原諒那些毀損你人生的人,也可能一想到要挑起痛苦的過去,就害怕。為了你的自由,我懇請你讀下去。

---
**寬恕是神給人最強大的武器,
得以斷開仇敵想要綑綁你的鐵鍊。**

---

反之,若緊抓住不饒恕,就好比:自飲毒藥,卻一廂情願等著別人死。不饒恕經常在蠶食你(即使在你不認為會如此時);也奪走神定意要給你的平安喜樂。

讓我來解釋什麼是饒恕。饒恕是:選擇釋放傷害你的人,以及從人對你的不公不義,從被傷害與被冒犯的狀態之中,走出來。這也是將傷害你的人,從對你不公不義的虧欠中釋放出來。當你願意跨出第一步,並且付諸行動時,最終你會得到自由,一個你無法想像的自由。

現在讓我來解釋寬恕不是什麼:寬恕不是同意所發生的事是可以接

受的行為。寬恕也不是同意讓一個不安全的人繼續傷害你。

選擇不饒恕人的一個主要原因是，覺得公平正義無法得以伸張。但若是一直不釋放那個人，冤屈所帶來的傷痛，會常伴你左右，傷害也將永遠無法得到真正的醫治。不幸的後果將是，痛苦帶來更多的痛苦。你緊抓不放的痛苦，最終將傷害其他你所愛的人，儘管這是你最不想發生的事。

要讓生命與祝福，而非痛苦與心碎，流通開來；需要的是：那位受傷的人，要先斷開自身的鎖鍊。如果你選擇原諒過去在你身上的不公不義，並接受天父的愛，讓祂來填補一切的傷痛，痛苦的循環就在這裡止住了。

藉著拒絕讓你過去的痛苦，虐待與謊言得逞，並全心擁抱父天對你的大愛，其他你所愛的人，也將和你一起經歷到祂的祝福。藉著選擇放棄討回公道的權利，你將會經歷到更大的事——享受你受造本應享有的愛與平安的生命。

若是對自己夠誠實的話，我們真的不是很想討回公道的。因為這意味著，我們也要為自己做錯的一切，都付出代價。沒有人想要因自己的錯，得到所有的報應，我們要的是耶穌的憐憫與恩典。這正是耶穌要給你的。在十字架上，祂為自己未曾犯的罪，替我們受死，祂滿心恩慈地呼喊：「父啊，赦免他們，因為他們所做的他們不曉得。」[7]我們的救主，不但沒有讓我們得到應得的報應，祂還樂意賜給我們，祂在十字架上重價買贖來的寬恕，憐憫與愛。耶穌接著懇請我們：「你們白白得來，也要白白捨去！」[8]

寬恕一個曾經重重傷害你或虐待你的人，不僅是困難的，這根本是不可能的。然而耶穌來是為了讓不可能，成為可能。[9]你無法想像天父因你願意原諒別人的傷害，對你感到何等的驕傲。祂是何等渴望你放下你擔當不起的重擔。

祂對你說：

> 正如我對你既往不咎，因你是照著我自己形象造的，你也可以藉著我的力量，選擇對別人既往不咎。因著你願意釋放傷害你的

人,所會經歷到的勝利,天堂正在為你歡呼喝采呢!

你不需要直接找傷害你的人談,在許多情況下,他們會否認曾做錯的事,或許某些情況下,那人已不在世了。無論如何,我鼓勵你跟他們說,彷彿他們就在現場一樣。如果這特別困難,就請聖靈來幫助你。當你準備好了,你可以大聲說出以下的話:

_____(某人名字),我饒恕你在我生命中所造成的痛苦。(請詳述你饒恕他什麼,這可以幫助你真正敞開。)我原諒你無法以我的需要的,以及我該得的愛,該得的保護方式來愛我,護我。我原諒你在我身上做的一切不公不義。我原諒你無法在我身上看到我的寶貴。我將你從虧欠我的罪債中釋放出來。我既往不咎。我選擇祝福你,而非詛咒你。我完全釋放你給耶穌。你可以自由地離開了。我的天父將會滿足我一切的需要。

我鼓勵你大聲地說出來,釋放你需要饒恕的那些人。接著深吸一口氣,慶祝剛剛發生的事情。因為最要緊的,是你剛剛釋放了自己!我曾見過無數的人,藉由這種方式原諒了別人,而經歷到脫胎換骨的生命改變。藉由選擇饒恕,你已經挪去了仇敵挾制你的最大武器。你得以自由地經歷到更多天父的愛,那本是你受造該享受到的。

如果你還是不能寬恕別人,我鼓勵你採取下一個步驟,誠實地來到主面前,告訴祂,你做不到。雖然祂都知道,祂也不會因此少愛你一點。那些做不到的事,可以繼續請祂幫助你。你也許想這麼禱告:「主,我願意讓你來,幫助我饒恕人。」

如果你的傷害來自母親,或你生命中扮演母親角色的人,你也許會納悶,作為天父的神,要如何填補缺乏母愛所留下的空缺呢?讓我肯定的向你說,神完全能滿足那些需要。聖經說男人與女人都是照著神的形象造的。這意味著當我們觀看人類陽剛與陰柔的特質時,我們對於神,才能有更完整的認識。神有一個名字是全能神 (El Shaddai),意思是「全然滿足者」或「多重乳房者」(希伯來文的 Shad 意思就是乳房)。神足以哺育祂所有的兒女。主說:

> 婦人焉能忘記她吃奶的嬰孩，不憐恤她所生的兒子？即或有忘記的，我卻不忘記你。（以賽亞書49:15 NIV）

想像你自己是受母親哺育呵護的嬰孩，從她乳汁中接受你所需的一切養份（其中甚至包含抵抗疾病的抗體）。你感到安全，溫暖，被需要及得安慰。這是全能神真正的畫面，祂視你為脆弱的孩子，安全地懷抱在祂愛的溫柔膀臂中，祂溫柔地向你說：

> 我知道你沒有我就無法照顧自己。我對你懷著極大的憐憫，我會溫柔慈愛地照顧你，供應你所有的基本需要，如安穩，慈愛與母親觸摸時的舒服。噓……來安息在我懷中，讓我為你唱首愛的催眠曲。

對於正在撫平過去傷痛的你；我奉耶穌的名，祝福你的靈，神洗淨你的傷口，恩慈地來到你痛苦的深處，使你完全得醫治。

## 父母也需要恩典

除了我們的天父之外，歷史上沒有一個父母是完美無缺的。如果你為人父母，懊悔於對待子女的方式，我有好消息要告訴你——神也給你恩典！你的天父已經饒恕你了。另外，原諒自己，也是極其重要的一環。神已既往不咎，或許你感到自己不夠完美，而不能原諒自己，被愁城給困住。其實，神從來就沒有要求你完美。來！現在就大聲說出來：「我原諒自己的不完美！」接著，你將看見鎖鍊一一被鬆脫。來做吧！

---

*當你做錯時，讓你的孩子知道，你錯了，並請他們原諒。*

---

接著，一而再，再而三地肯定他們。讓他們知道，他們是多麼可愛美善的。即便你的子女已長大成人，自立門戶了，現在向他們道歉都不嫌太

遲。請他們原諒，並對他們說肯定的話。如果他們在痛苦中，一時還無法原諒你的話，且讓神在他們心中動工一段時日。你願意承認自己的不完美，會是一件意義重大的事，這也是他們得醫治的道路上的一個部份。選擇從今開始，愛他們，鼓勵他們。你越多領受到天父的愛，就越有真愛與深情，可以傾注給你的孩子。這就是個中的道理了！

阿爸父對你說：

> 如果你覺得你的人生和人際關係，一團糟的話，你需要知道，我的專長就是翻轉情勢，並修復你認為無從修復的事情。我遠比你的錯誤還大！我是那位使父母的心轉向兒女，兒女的心轉向父母的神。[10]

## 尋找地上的屬靈父母

雖然在我成長的過程中，有非常愛我，又肯定我的父母，我也需要地上的屬靈父母。在我服事的某個階段，我覺得自己完全是一敗塗地的。在那段歲月裡，我發現有個人叫比爾・強生 (Bill Johnson)，他帶著和我一樣的屬靈 DNA，他已在我前頭多走了一大段路，因此能為我提供一條追隨的路徑。我第一次聽到他在加州雷汀市 (Redding) 伯特利教會 (Bethel Church) 談到關於他的心與熱情時，我便知道，我尋找屬靈父親的旅程已告一段落。

同樣來自伯特利教會的克里斯・韋羅頓 (Kris Vallotton)，他成為我另一位屬靈父親，也是我生命和靈感的泉源，他持續用鼓勵我的話語，來引領我走入我的命定。我感到我的夢想，再次浮現，綻放。我得以展翅高飛。我多麼地感謝主在我生命中安排這兩個人來肯定我，使我從他們身上承接了許多祝福與恩惠。

我相信，我們都需要有與主親密連結的地上父母，為我們豎起肯定的大拇指，幫助我們成為受造時要成為的人。我們地上的父母或許可以扮演這角色，或者神會帶其他屬靈的父母進入我們生命中，或是兩者皆有。我大大地鼓勵你來跟神要，請他將那些一心只為你好的人，希望看

到你走入你的命定中,希望你成為改變世界的人,帶入你的生命中。

如果你從小就聽著否定或虐待的話語長大,請改換聽你在天上的父親,只有祂的話是你需要聽,需要接受的:

> 我兒,你是我想要的一切!當我造你時,你就是我的美夢成真。你夠資格。你夠好。我的聲音是你唯一重要的聲音。我要向你說溫柔與肯定的話。我的愛與接納會完全更新你。我是你一生所需要的那位安全,又愛慕你的慈父,此時此刻,我要向你傾注我的愛。請靠近點,來!聽我肯定你的聲音。

## 默想與回應

- 知道你的靈與神的靈,時時刻刻都連結在一起,這會改變你如何看待與祂的關係呢?為什麼會或不會?
- 在你生命中,哪些地方是你難以相信神的良善呢?
- 你在何處看見神將你生命中的困境,出乎預料地轉為美好呢?
- 當環境看似不符合神良善的事實時,在什麼地方,你需要不認同自己對環境的看法呢?
- 請描述你目前是透過什麼眼光來看待人生的。你想透過什麼樣的眼光來看呢?請阿爸父幫助你。
- 你覺得神安全嗎?若是不安全,請形容你目前對祂的感覺?
- 你能原諒不把你當成寶貝來對待的父母,或是原諒其他有權柄的人士嗎?這勾起你什麼樣的情緒或感覺呢?
- 若你是為人父母,對於要如何恢復與兒女的關係,神對你有什麼開啟嗎?
- 你有地上的屬靈父母嗎?他們是誰?你和他們曾否談論過此事,曾否將他們在你生命中的重要,告訴他們呢?

# 第三章

# 鍾情於你

> 我的孩子，我已提名召你，
> 特意選你歸屬於我！
> 我一直都渴望你與我同在，
> 我切望永遠跟你在一起。
> 我喜歡你！我非常喜歡你。
> 你是我造的，我喜歡你的一切
> ——你眼珠的顏色，你那有感染力的笑容，
> 那些只有你才有的癖好，一切的一切！
> 我喜歡跟你抱成一團，
> 不論我們是否一起做什麼，或不做什麼。
> 我喜悅看著你——一想到你，我就開心。
> 且讓我們多多在一起享受人生吧！

**當**你讀到來自你天父的這些話語時，你也許會覺得心頭猛然一驚，特別是如果你以前沒聽過這類的話。然而，它們是千真萬確的。是的，你的天父愛你，祂也喜悅你。不是因為祂不得不，是因為你完全令祂可喜可愛。存在你心頭的猛然一驚，如果有的話，那是來自你一路上對自己偏差扭曲的看法。且讓我們來面對事實吧——我們都是自己最大的敵人和批評者。我們採信自己是有缺陷的，沒有價值的這種謊言到什麼程度，我們就有多少程度在思想中不公平地譴責自己，從而在不知不覺中，繼續強化了這種謊言的惡性循環。我們需要按下「重新開啟」的屬天按鍵，並接受更新後的一幅全新的天父畫面，以及我們身為阿爸

父選民的新看法。

## 再來一次，阿爸！

　　我兒子們幼小時，我特別喜歡和他們玩耍。在我和他們互動中最美好的回憶是在他們學步走的那幾年，那時我主要是透過肢體接觸與眼神交流來表示我的關愛與親情。有一個簡單遊戲我們玩了又玩，總是玩不膩。譬如我會仰臥在地，伸出雙臂將他們面對面高高舉起，如此一來，我們閃亮的雙眸便能四目交接。在以這樣的姿勢等候片刻之後，我會突然縮手，然後將他們一把擁入懷中。他們會樂得尖叫，我也會和他們在喜悅中咯咯地笑開懷！他們會跟我說：「再來一次，阿爸！」我不需他們哄，就會立刻將他們高高舉起，再玩一遍。多年後每思及此，就會立即讓我重溫這兩個可愛寶貝的溫馨甜蜜，使我一想到就開心。

　　我的兒子們不需勉強我這麼做。他們不需苦苦糾纏，直到我心不甘情不願地答應。不。事實是，我想要和他們一起玩耍，因為我實在樂於陪他們玩，陪他們笑。就算他們試著要趕我走，也趕不走（當然，他們不會趕我走的）。一開始，我必須主動和他們玩親子互動，因為他們不曾經驗過，怎會知道呢？一旦我讓他們經歷到我有多好玩，他們就會時常主動找我玩。每個小動作對我們來說，都是充滿著歡笑。

　　我們父子之間尚且如此，更何況是你的天父，祂何等地享受你呀！祂不需要刻意做出對你一往情深，祂當然也不需要等你來要求祂給你關愛。天父爸爸對你的心懷一直都是如此。祂必須先主動向你顯示真情，不然你無法明白何為祂的真性情。你越是經歷到祂真實的情感，你就越想主動請祂跟你玩在一起。無論如何，你的天父爸爸傾慕著你。

---

野馬也無法將祂拉離你！祂想與你在一起
——不單是此時此刻——
更是每時每刻，直到永永遠遠。

---

## 永恆是一段很長的時間

你的天父永不厭煩你！祂怎會厭煩一個完全依祂心願所造出來的人呢？

我們的天父創造我們每個人，他的心意是要我們在祂的國度裡，與祂永遠在一起。一個充滿了完全愛的父親，怎麼會創造自己的兒女，為的卻是要與他們永遠分離呢？這真是荒謬絕倫。然而，這卻是人們經常描繪的天父形像。事實上，天父的旨意清清楚楚地表明：祂不願有一人沉淪（迷失），乃願人人都悔改（歸回）。[1]

雖然有些人認為，在我們信靠耶穌為我們救主的同時，我們的名字就寫在生命冊上了，這裡我卻要提出不同的看法。在創世之前，我們的名字就已經寫在生命冊上了。這是啟示錄13章8節經文的一種詮釋。這樣的理解也吻合耶穌的說法，就是祂永不會將祂的得勝者的名字從生命冊中刪除。[2] 祂並沒有說他會在我們得勝之後才將我們名字增補上去。

這般毫釐之差，卻造成了天壤之別。如果我們的名字已經記在生命冊上了，這清楚描繪出一個一直愛著我們，珍視著我們的天父，祂絕不會創造我們，目的卻是為了要與祂所愛的人永遠隔絕。

這是說條條大路通永生嗎？絕非如此。耶穌是道路，真理和生命。[3] 唯有祂的犧牲，使我們得以在天父面前成為完全美好（稱義）。我們仍必須選擇神，並接受耶穌在十字架上的犧牲，作為贖罪的恩典嗎？我相信是的。我將在第八章的內容裡解釋，天父遠在我們回應祂之前，便與我們立約的上下文中進一步說明。

---
### 你一直都是神的揀選。
### 如果這還不能讓你血脈賁張，我不知道還有什麼能？
---

神從創立世界以前，在基督裡揀選了我們，使我們在他面前成為聖潔，無有瑕疵。（以弗所書 1:4 CEB）

你從來就不是神的後知後覺，或最後不得已的選擇。祂並不是先創

造地球，然後想，嗯……我想在地球上放些人來完成我的計劃。不，在祂創造這個地球前，你就在祂的意念中，在祂心懷裡了。

祂並不是為了讓地上生養眾多的目的而創造你。祂為你，創造了地球，好讓你與祂一同掌管，並享受其中的一切。

如果我自己的兒子身陷險境，我絕對會竭盡所能來保護他們。神的確無所不能，祂也願意為我們而行。既然祂已決心永遠珍愛我們，且要與我們同在，並成為屬祂的人，祂絕不掉以輕心。這正是為什麼祂差遣耶穌來為祂自己贖回我們。祂說：「我必須得著你，因為你對我而言，是無窮盡的價值！」

> 知道你們得贖，脫去你們祖宗所傳流虛妄的行為，不是憑著能壞的金銀等物，乃是憑著基督的寶血，如同無瑕疵，無玷污的羔羊之血。（彼得前書 1:18-19 NIV）

正如我的摯友，阿爾特‧傅勒 (Art Fuller) 常提醒我的，「對神而言，你比祂自己更寶貴，更有價值！」 如果你停下來稍稍思忖這事實，這將使你驚嘆且敬畏地下巴都掉下來了！對神而言，我比神自己更寶貴？然而這正是對你真正價值的正確評估。這是神的評估，祂是不會錯的！

一旦你讓自己同意並接受這樣極致的天父大愛，你的心就軟化了。多年來，你一直以為祂是憤怒的，遙不可及的，或是對你興趣缺缺；如今，你的心，一想到將會找回那段失去的美好時光，興奮地雀躍不已。

另外，若是這個啟示才剛剛植入你心，請不要生你自己，別人或是神的氣。那些你覺得在過去從你身上被騙走的東西，天父爸爸有祂的辦法，祂可以更多更好地歸還於你。從今以後，祂真正想要的只是——你的心。一旦你給了祂你的心，你做夢也想不到的幸福人生就近在咫尺了。

你天父爸爸的目光一直是定睛在你身上的，因為祂想要與你同在，渴望與你同在，甚至需要與你同在。有些人難以理解這一點，他們說，神沒有需要，祂是完全自給自足的。我雖然同意，神一無所缺，然而，*愛是選擇需要別人*。這就是何以愛是有風險的。神採取主動，選擇將自

己獻給我們,並公開表示對我們全然的愛與渴望。祂大膽地冒這個險來先愛我們,並沒有任何保證說我們也會要祂。但,這正是真愛的所在!

## 收養

你一直都在天父爸爸的心懷中,當祂定意收養你作祂的兒女時,這不是個草率的決定。以弗所書1章5節裡,用了一個有趣的字眼來描寫祂選擇你的方式。

> 因著祂的愛,神預定我們藉著耶穌基督,成為祂收養的兒女。這是根據祂的美意與計劃。(CEB)

「收養」這一字有非常特殊的意義。在某些人的印象中,收養類似是退而求其次的選擇,但在保羅年代的文化中,收養一事,絕非能率爾為之。收養的兒女是得以領受等同長子所有的權利與遺產的。

---
**當我們被收養成為神自己的兒女時,
我們立刻獲得萬有之首生者—耶穌—的一切權柄。**[4]

---

在希伯來書中,我們被描寫為一個由眾長子組成的教會,身旁環繞著數不清的天使。[5] 藉由認識到我們是被收養,成為了神的選民,我們過去背負的頑梗孤兒之心,就永遠變為兒子的心了。

> 你們所受的不是奴僕的心,仍舊害怕。所受的乃是兒子的心,因此我們呼叫阿爸父。聖靈與我們的心同證我們是神的兒女。既是兒女,便是後嗣,就是神的後嗣,和基督同作後嗣。(羅馬書8:15-17 NJB 新耶路撒冷版)

雖然我們被稱為養「子」,這卻是個非特定性別的字眼,保羅用它來描述所有屬神的兒女。正如聖經中「基督的新婦」所描寫的不只是婦

女,更是指我們這些歸屬於耶穌,有祂作永遠丈夫與君王的所有男男女女。也許這個用詞一開始似乎怪怪的,然而屬天的事實,要比在地上所有的影兒來得深刻得多了。

## 一個永不放棄你的愛

天父渴望你知道,你已永遠屬於祂,祂喜悅你這個人;祂無法也不願放棄追求你的心,就變得顯而易見了。這意味著,你可能做出最糟糕的選擇,你也不會因此喪失享有祂呵護你與關愛你的資格。有時候,在生命中受過很深傷害的人,學會了以傷害對方,作為保護自己的方法。在某層面上,他們會說:「既然我們走得很近,我又不想受到傷害,那我就先傷害你,把你趕走;如此一來,我就不需經歷到被你拋棄的痛苦了。」這些受傷的人在他們與神的關係中也是如法炮製。他們意想不到的是,神恆久甚至頑強的大愛本質,比他們一生一世搏鬥的意志更深遠長久。我們奇妙美善的天父絕不會因我們的拒絕,少愛我們一點!

在遺失的銅板這則比喻中[6],耶穌描述一名寡婦翻箱倒櫃遍尋一枚遺失的銅板,直到找著為止,接著她辦了一場盛宴。耶穌的這比喻正表明了天父對祂兒女的心腸。每個忘了自己是誰,而拋棄了自身繼承權的兒女,都會被祂四下尋找,直至找到為止——請注意,這不是隨便找找,是持續不懈的尋找。別會錯意了,天父確知祂迷途兒女身在何方。這則故事要傳達的真理是——神要大費周章地將你尋回。

> 在我一生的年日,必有祢的恩惠慈愛追隨著我。(詩篇23:6 MSG)

我們每個人都以某種形式試著逃避神的大愛。通常是因為我們覺得自己不配神的愛,所以我們先自行與祂切割,省得祂要與我們切割關係。這種策略的問題是,神永不會拒絕與你的關係,也不允許你自行與祂隔絕。逃避神,基本上是另一個錯誤,因為不論你逃到天涯海角,祂已經在那裡等著你了!

我往哪裡去躲避你的靈？我往哪裡逃躲避你的面？我若升到天上，你在那裡；我若在陰間下榻，你也在那裡。我若展開清晨的翅膀飛到海極居住，就是在那裡，你的手必引導我，你的右手也必扶持我。我若說：「黑暗必定遮蔽我，我周圍的亮光必成為黑夜。」黑暗也不能遮蔽我，使你不見；黑夜卻如白晝發亮；黑暗和光明在你看都是一樣。（詩篇139:7-12 NJB）

---

**只因我們逃避了神，就以為這樣的事會改變祂對我們的愛——絲毫不會。**

---

若有絲毫改變，我們麻煩可大了。祂的愛將讓你無力招架！假如你像是個大吼大叫，耍性子鬧脾氣的小孩，祂會將你抱住直到你脾氣鬧完了，最後軟趴趴，筋疲力竭地倒在祂堅固且片刻不離的懷抱中。即便是憂鬱或是自殺的念頭與行為，也無法讓祂離你遠些。你以為在你最潦倒最需要祂的時候，祂會選擇在這個時間點抽身而去嗎？這樣的事不會發生的，因為阿爸父百分之百地委身於你，關心著你，一生一世時時刻刻地愛著你。不論你是否感受得到祂，祂的同在，祂全心全意愛你，祂看顧你，這些事實，永不改變。

## 不再懼怕懲罰

你無法信任一個意圖要傷害你的人。由於一些對神心意錯誤的觀念，使得一些真心想要親近神的人，因著懼怕，特別是懼怕受罰，而無法向祂敞開自己。這樣的懼怕，癱瘓了他們經歷與神親密的任何可能。

我很驚訝地發現，許多信徒，活在以為將有一天會因自己的過錯而受罰的恐懼中。一方面他們相信，因基督在十字架上的犧牲，他們已得到饒恕。然而他們內心深處害怕，因著自己的過犯深重，懲罰已在等著他們。這兩者如何能同時為真呢？不能！

神是愛。的確神愛世人，但更深刻的真理是，祂就是愛！神不能做與祂本性不一致的事，即不能做與祂之所是不合的事情。而祂之所是，

祂本質的核心就是愛。凡祂所做的都與祂本性相符。因此，神只在愛裡行動，凡祂所做的，都出於祂偉大慈愛的動機。

何以愛，在消除懼怕被懲罰中，如此之重要呢？且讓我們來看看約翰一書4章16到19節的經文（NJB新耶路撒冷版）：

> 神愛我們的心，我們也知道也信。神就是愛。住在愛裡面的，就是住在神裡面，神也住在他裡面。這樣，愛在我們裡面得以完全，我們就可以在審判的日子坦然無懼；因為祂如何，我們在這世上也如何。在愛裡就沒有懼怕的空間；完全的愛，就把懼怕除去；因為懼怕裡含著刑罰，懼怕的人在愛裡未得完全。讓我們去愛吧！因為祂先愛了我們。

寫約翰一書的約翰，於耶穌在世為人時與主同行，他經歷到從耶穌洋溢出來的真愛與恩典。約翰也遇上了復活的耶穌，祂如熾熱愛火般的目光融化了他。[7] 這就是何以約翰在書信中，迫切要我們與耶穌以及祂彰顯的天父在愛裡相親，而非以懼怕為動機。實際上，約翰是在說：「在與這個純粹是愛的人相遇多次後，若仍害怕遇見耶穌或親近慈愛天父，仍認為自己不配的話，你就還沒領悟到神愛的浩大，你也不明白何以耶穌要為你上十字架了。」

愛是唯一能帶來恆久改變的動機。我們在與主親近時，可能有許多其他的動機（害怕，罪惡感，羞恥感，驕傲……等等），但這一切都是極其短暫的。生活在害怕的動機裡，會讓我們的天父傷心，這並非是祂的心意。神是愛，而我們是照著神的形像造的，因此唯一讓我們覺得真實的動機就是愛。

---

**愛是需要做選擇的。**
**天父對我們的愛，是祂的決定；**
**祂也渴望我們選擇——以愛相報。**

---

若我們被迫去愛神，只因祂比我們強大；若是我們不愛祂，就會受

罰；那這就完全不是愛了——這是操控。真愛，不操控人。所以神選擇透過祂的兒子耶穌在十架上的犧牲，為我們鋪平了道路。罪所帶給人類詛咒的毒素，已經被耶穌的完全犧牲所消滅了，我們不再需要帶著懼怕受罰的心態來親近神。

> 基督獻了一次永遠的贖罪祭，就永遠在神的右邊坐下了。從此等候他仇敵成了他的腳凳。因為他一次獻祭，便成就了那得以成聖的人永遠的完全。聖靈也對我們作見證，因為他既已說過：「主說：當那些日子來臨以後，我與他們所立的約乃是這樣；我要將我的律法寫在他們心上，又要放在他們裡面。我不再記念他們的罪愆和他們的過犯。」（希伯來書10:12-17 NJB 新耶路撒冷版）

同樣，在希伯來書稍早的地方也提到：

> 他們不用各人教導自己的鄉鄰和自己的弟兄，說：「你該來認識主。」因為他們從最小的到至大的都必認識我。我要寬恕他們的罪惡，不再記念他們的罪愆。（希伯來書8:11-12 NJB 新耶路撒冷版）

我們正活在這些經文所講論的時代中，因為耶穌已經來了，並藉著祂的死與復活，創造出劃時代的巨變，且帶來了恩典的新約。（我將在第八章就此點，詳加闡述。）既然神已宣告祂將不再記念我們的罪愆，我們現今就可以與神面對面，坦然相親，選擇單單以愛為基礎來與祂建立關係。

## 那麼罪呢？

你也許會想，那麼罪呢？你不是在告訴我神不在乎吧？老實說，祂是如此在乎創造一個公義的國度，以至於祂絕不掉以輕心。透過耶穌在十架上所成就的，祂與罪的問題正面交鋒，徹底瓦解了罪在我們身上的

權勢！如果這還不夠，祂又將祂的聖靈放在我們裡面，為我們做那些沒有祂我們就做不到的事。是的，神在乎！祂深深地在乎。我們的天父柔情萬種地愛我們，這就是何以祂不願看到罪毀了祂的孩子們，或是破壞讓我們彼此共享愛的文化的心意。祂總是悅納我們之所是，但是當我們忘了自己是誰，並且行事為人不符合我們在基督裡嶄新的性情時，祂並非總是悅納我們所做傷人傷己的決定。

到了這一步，許多人會走回律法，完美主義心態的老路。既然神並非喜悅我所做的一切，我就過一個零錯誤的人生，如此一來祂就永不會生我的氣了。我們是如此容易就走上這條歹路呀！然而，何時能了結呢？試著為神把自己改得更好，這招管用嗎？祂並不會因你的努力而銘刻在心，因為祂知道你壓根兒做不到。

---

**你無法靠自己的努力在神的面前稱義，成為美好。**
**你在神面前稱義（與神和好），**
**乃是因為耶穌為你的緣故，在十架上一次付清了罪債。**
**神並沒有在生你的氣，祂也永不會對你生氣。**

---

不妨捫心自問這個問題：耶穌在十字架上的寶血，足夠付清我們的罪債嗎？如果答案是不夠的話，那麼就沒有一個人能得救了。假如你的答案是夠的話，那麼就開始活在 個白白得來的救恩，和祂所給的自由與喜樂中吧！

> 你們蒙召是為了過自由的生活，這是再清楚不過的了。不過，要確定你們不會用此自由當成為所欲為的藉口，毀了自身的自由。然而，你們卻要用這自由在愛中彼此服事；這是使自由成長茁壯的方式。（加拉太書5:13 MSG）

你的神，天父，並非為了懲罰你而創造你。祂創造你是為了愛你。為了讓你注意這點，我想再次重申一遍：你受造的目的，不是為了讓神可以因著你的不順服，設法摧毀你；而是讓祂能以千方百計，毫無保留

地，施展祂對你的一往情深。

> 神愛世人，甚至將他的獨生子賜給他們，叫一切信祂的，不至滅亡，反得永生。因為神差祂的兒子降世，不是要定世人的罪，乃是要叫世人因祂得救。（約翰福音3:16-17 NIV）

當我們聽到天父對我們情有獨鍾時，我們頭腦有一部份，將因難以置信而感到踉蹌，因為我們立刻想到所有祂不該愛我們的理由。我們每個人對自己種種缺失都心知肚明，而且我們很容易掉入自覺不配的陷阱中。這就是耶穌介入的地方了。的確，若沒有一位救主，我們會自慚形穢而退縮不前。但是有了耶穌在十架上代罪而死的犧牲，這個問題就迎刃而解了。簡而言之，耶穌使你有了**免死金牌**。

現在就讓我們融化在阿爸父的懷中，再一次同意祂對你的一往情深吧：

> 我兒，你是我全然的喜悅！你一直是我珍愛的一切。當你迷途歧路時，我想念你的陪伴，但我從未對你生氣。我的兒子耶穌，已為了你，將這一切，一勞永逸地一筆勾銷了。
>
> 是時候讓我們一同雲遊四方了，這事我已經計劃了許久。現在就將你的目光單單定睛在我的國度裡。你是無比偉大，美善，而我一直在造就你來相信此一事實。因著我們要一起去的地方，我正在讓你相信這事實。我已經厚賜你諸多的恩惠，我也一直大大地祝福你的生命。我以永恆的愛來愛你，我對你的愛永不改變。此愛綿綿，無盡期！
>
> 你和我是同處在一個旅程裡的——攀登高山，橫渡溪流，翱翔天際，涉足深谷。這是個偉大的奇妙之旅，我會永伴你左右，片刻不離。你是我的愛子，我愛你。一向如此，將來亦是如此！
>
> 更多來認識我吧！我比你目前為止所經歷到的，或你跟別人說過的，還更好。來看看為什麼吧！來與我進入更深處吧！這是你旅

途上與我的一個嶄新階段。信靠我。享受我！我對你有如此的心意：要透過你來觸動這世界……使受壓迫者得釋放……讓我帶你更深入，在我暢快人心，甦醒靈魂的同在中，待著更久一些吧！讓我來分享關於我自己及我國度的秘密吧！

我樂意與我所愛的人分享我的秘密。這包括你，我寶貝的孩子！

---

## 默想與回應

- 被神喜愛的感覺是什麼？列出至少十件你認為祂喜歡你的地方。順帶一提，這清單是無止盡的，所以盡量多列一些吧！
- 想像自己是個孩子，正享受著天父爸爸，一如祂享受你一般；在一個好玩又安全的地方（野餐地，遊樂園，盪鞦韆，吹泡泡……等等）。祂確實是位有趣又好玩的神。且讓你自己在此處與祂共享美好時光吧！想要多久就多久，想要多常就多常。
- 「我比神自己更寶貴」這句話對你有何影響？
- 如果你將「懼怕受罰」，從你與神的關係中挪去，你會想以何種方式來親近神呢？一種有免死／免刑金牌的關係會是什麼樣子？它會讓你有勇氣在生命中做什麼？

## 第四章

# 慶賀你

❦

我兒，你實在太棒了。
我並非忍受你——我慶賀你！
我召喚天使，提名點你，
為了褒獎你，炫耀你。
有何不可呢？
你是我照著自己榮耀的形像造的，
你是我妙手天成的傑作。
你是我的珍寶！你是我的喜悅！
看著你，我就讚嘆不已！

天父爸爸給我們這幅畫，帶我們進入祂的心懷：

> 耶和華你的神要與你同在，祂既是戰士也是救主。祂要因喜悅你而歡然高歌，祂要在祂的愛中更新你，祂要為你歡呼雀躍，一如在歡慶節日。（西番雅書3:17 NJB）

先知西番雅預見有朝一日，以色列將以這樣愉悅的方式，來享受這位欣喜若狂的神。這裡「節日」指的是彌賽亞將帶來期盼已久的救贖之日。彌賽亞早已來到，我們正活在天父為我們歡呼雀躍的日子裡。

我們不再需要等待，就能享受這位歡呼雀躍的天父，祂不會不好意思，祂要向所有願意聽的人高喊：「我是個得意的父親。瞧瞧我那令人嘖嘖稱奇的兒女們！」如果你再仔細聆聽，你會聽見從天上傳來「哇哇哇

哇哇哇—吼吼吼吼吼吼」的聲音！你也許猜到這是什麼了……這是祂對你的興奮之情，正迴盪在浩瀚宇宙中的聲音。知道神以祂奔放歡慶的愛來鼓舞你，會讓你全人更新，這是無一物能及的。

## 神按捺不住祂的興奮之情

　　數年前，我清楚看見一幅圖像，神是如何因祂極其珍愛的兒女而手舞足蹈。正當我和一群朋友走過耶路撒冷街道時，我們親眼目睹一支迎親隊伍大步前進。讓我告訴你吧，他們不亦樂乎，絲毫不在乎別人的眼光。他們渾然忘我陶醉在當下的歡樂中。豎笛與鈴鼓的樂音響徹雲霄，同行迎親隊伍與賓客們大聲歡呼，跳舞，盡情地拍手鼓掌。歡樂之情如此之具感染力，以至於路人們也紛紛跳入一同歡慶。

　　西番雅也是在同樣的文化氛圍中寫下這經文。當這節經文說，我們天父因我們而歡呼雀躍時，它說的是一種無拘無束，盡情歡暢，流水席般的狂歡慶典。這就是你的天父爸爸，祂因你而雀躍的興奮不已！如果你不知道這一點的話，那麼就來和你真正的天父爸爸相遇吧！再來聆聽祂對你的歡呼聲：

　　哇哇哇哇哇哇哇哇哇哇哇—吼吼吼吼吼吼吼吼吼吼吼！

## 寵愛你的天父

　　當我大兒子德瑞克幾個月大的時候，早晨醒來，他會發出再可愛不過的咕咕聲。我太太蘇珊和我聽見了就會下床，然後輕手輕腳，靜悄悄地走向他，透過門縫凝視著他，滿心歡喜地看著他在四下張望，發出那萌翻了的咕咕聲。說不出道不盡他有多寶貴！過了一會兒，我們會推開門，進入房間，為他唱一首歡欣喜悅，卻又傻里傻氣的「早安歌」。你得用想像力來聽我們怎麼唱的：

　　　　早安！早安！
　　　　早安！耶穌愛你！
　　　　早安，我們也也愛愛你，

咘—咘—滴—嘟

　　我們一開唱，他眼睛就開始在房裡搜索，直到瞧見我們為止。接著當我們四目交接時，他樂得尖叫起來。不用說，我們的心當場融化，滿心喜悅地將他擁抱滿懷。當然，我們對次子亞倫也是如此地享受與他相處的寶貴時光。

　　你天上的父親無時無刻也在凝視著你。不是因為祂在監視你的一舉一動，而是祂愛你愛到目不轉睛。

## 沒錯，神著迷於你！

我能想像祂召喚天使到身邊，指著你說：
嘿！過來瞧瞧我這天之驕子！他好了不起。他令人嘖嘖稱奇。
請你瞧瞧我這令人讚嘆的女兒好嗎？哇！她好美。看著她令我摒息凝神。
接著祂開始為你唱愛之歌。

　　祂要因喜悅你而歡然高歌。（西番雅書3:17 NJB）

　　正當祂歌聲帶著柔情讚許的話語，響徹雲霄之際，你便會尋找到這甜美聲音的源頭。接著你會歡喜地尖叫：
「喔，阿爸！原來你在這裡。祢愛我！」
　　當你朝祂望去時，你便徹底融化了祂的心，祂也細細品嚐這一刻。你注視的一眼，使祂怦然心動。真的！

　　你奪了我的心，我妹子，我新婦，你用眼一看，便奪了我的心。
　　（雅歌4:9 NJB）

## 你既秀美又非凡

　　詩歌題材的雅歌，提供了一個存在於君王及其所愛者之間，濃情蜜

意的鮮活畫面，這是主對我們的熱愛的寫照。在雅歌6章4至5節中(NJB)，祂說：

> 我的佳偶啊，你美麗如得撒，秀美如耶路撒冷。

在你了解到「得撒」與「耶路撒冷」的意喻之前，這經文讀起來似乎不那麼浪漫。「得撒」意味著「宜人的」及「愉悅的」，而「耶路撒冷」在耶利米哀歌2章15節中 (NJB) 被稱為「全美的」及「全地所喜悅的」。如此，深愛著你的那位正對你說：

> 我心所愛的，對我而言，你是完美的。你討我歡喜，你帶給我無窮的喜悅與歡愉。我陶醉在你本像的美麗中。

如果你正納悶祂說的是誰，我想激勵你攬鏡自照，讓神給你祂的眼光，以祂的方式來看你自己。來更仔細端詳在你面前的這位美麗公主或英俊王子，然後抬頭挺胸，知道你是王室家族，是被深深疼惜的愛子。

如果你還看不到自己對神而言，是明珠至寶的話，在這威力驚人，轟頂而來的愛的爆炸之外，我還可以再補上另一項真理來讓你信服。當希伯來書的作者寫到耶穌時，「他因那擺在面前的喜樂，就輕看羞辱，忍受了十字架的苦難，」[1] 這喜樂——就是你！

什麼？

沒錯，你就是擺在耶穌面前的喜樂，你給他勇氣忍受了十字架的苦難。他看見未來他自己和他的父親，連同所有他深愛，且從黑暗中拯救出來的人永遠在一起。

---

> 如果擺在他面前的喜樂，只是回到父身邊，
> 他根本一開始就不需要離開天堂。
> 在降世之前，他已經與父同在了。
> 不，他的獎賞顯然是你！

---

像這樣的啟示一旦滲透了你的靈魂,這將會從裡到外,徹頭徹尾改變你。知道你是耶穌在十架上擺在他前面的喜樂後,何不現在就告訴祂,你的感受是如何呢?

## 天父爸爸喜悅你

有一天早上醒來,我腦海中迴盪著一首歌,是關於神持續將祂的美善傾注在祂孩子身上。我開始沉思何以祂會滿心樂意地選擇如此做呢?為什麼即使在我們不忠誠時,我們的天父依然信實地傾注祂的美善與憐憫呢?我們大可回答說:「因為祂愛我。」但問題還在,所以我問:父啊,你為何如此信實,一無反顧地對我一往情深呢?

我聽到的回答是:「因為這帶給我喜樂!」

你瞧,我們天父是一位逐樂之夫,我們是帶給祂喜樂的人。或許那天早上醒來時,我想到了阿爸父的美善,然而,其實在前夜睡覺的那一整段時間裡,是祂從未停止想念我。祂也從未停止想念著你。也許這是何以大衛會說,神的意念比海沙更多,向我何等寶貴。[2] 這位就是愛的神,祂在永恆中持續不斷地向祂每個子女,溢流出關愛與渴望的意念,你能想像這愛有多麼浩大無邊嗎?這愛,我百思不得其解,這就是為什麼我們永遠無法藉著我們有限的理智,進入到祂愛的豐滿中。

我鼓勵你別穿防護衣了,一頭栽入阿爸父愛的深淵裡吧!來探索祂對你愛的長闊高深,別擔心你會找不到路出來。翱翔在那位以永恆的愛來愛你的無盡良善與美好的天際中,並允許你自己永遠也別從雲端上下來!神造我們只為了一個目的:享受祂。這是祂最想要我們做的事。

---

*真正的愛人,需要有個愛的對象。*
*神是所有的愛人之中,最真切的那一位,*
*祂愛的人就是你!*

---

你帶給祂快樂。你使祂喜上眉梢。你奪了祂的心。祂定要將你永遠歸屬於祂。你是宇宙中集寵愛於一身的人,因為,這是你阿爸父說的!

今天就以你能夠的任何方式，來回報祂的深情，來溫暖祂的心吧！
祂將開始說：

> 我兒，你出類拔萃！激勵我心！愉悅我情！怡我耳目，你我相處，其樂融融。你使我心婆娑起舞，歡唱雀躍，因你是我精雕細琢的藝術品。我在喜悅中造你，在驕傲中塑造你。你是我的傑出精品──你是我的選擇，為的是要將你我互相調合，直到永世無窮。沒錯，就是你！你每次的驚鴻一瞥，就讓我心跳加速。每當你選擇敬拜我，愛我時，你就讓我喜上眉梢。你是我鍾愛，疼惜，寶貝的那位──就是你！

現在是你以愛和深情回應的時候了！

## 耶穌是我們的楷模

如果你還難以接受天父的愛，且讓我們來看看祂是如何愛祂的愛子耶穌的。關於耶穌，天父說：

> 你是我的兒子，今日我歡慶你的誕生！對你而言，我是一位盡善盡美的父親；對為父的我而言，你是一位盡善盡美的兒子。（希伯來書1:5 TMT）

在耶穌於約旦河受洗時，天父按捺不住興奮之情，脫口而出：

> 這是我的愛子，我所喜悅的。（馬太福音3:17 NIV）

哇！天父將對兒子的愛與喜悅，昭告天下。耶穌的身份在他天父的肯定中確定不移，這就是何以他很容易就公開宣告：「天父愛我！」[3] 他不是為了要讓人印象深刻才這麼宣告，而他當然不需要說服天父。他確知，在內心深處所知道的一切，並且全然篤信不疑。就是：「我的阿爸愛

我！」

耶穌在地上的生活，全然表明了他從天父那裡，得著了源源不絕的愛。在他死前，耶穌對祂的父親做了一個震撼人心的禱告：

> 我已將你的名顯明給他們，還要一直顯明給他們，使你已愛我的愛，在他們裡面，我也在他們裡面。（約翰福音17:26 NJB）

你了解這節經文的意思嗎？

---
**天父在愛子耶穌身上傾注的愛，
正是天父對我們同樣的愛。完全一樣。**

---

我不知道有哪個基督徒難以相信天父愛祂兒子耶穌。因此，我們也沒有任何理由說，神何以或如何不愛我們。

你聽過耶穌的禱告有不蒙應允的嗎？他禱告，我們得以領受到跟他一樣從天父所領受到的愛，並且祂自己還要在我們裡面。這禱告，已蒙神應允了。天父的答覆是斬釘截鐵的：「是的！好！」

> 祂恩典的心意是當受頌讚的：祂在基督裡大大寶貝，萬般恩寵著我們；祂給愛子耶穌的愛就是給我們的愛。（以弗所書1:6 TMT）

## 你天父在乎

真心愛你的人在乎你。你天上的父親對你的人生興趣盎然，比你想像的更加在乎你。你的天父在乎你正在做什麼，一如祂的話語所顯明的：

> 耶和華啊，你已經鑒察我，認識我。我坐下，我起來，你都曉得；你從遠處知道我的意念。我行路，我躺臥，你都細察；你也深知我一切所行的。（詩篇139:1-3 NJB）

祂在乎你去哪裡，即便是在你未意識到祂的同在時：

> 我的靈在我裡面發昏的時候，你看顧我的道路。（詩篇142:3 NJB）

祂在乎你的芝麻小事。

> 五個麻雀不是賣二分銀子嗎？但在神面前，一個也不忘記。就是你們的頭髮也都被數過了；不要懼怕，你們比許多麻雀還貴重多了。（路加福音12:6-7 NJB）

祂在乎生死攸關的大事。

> 門徒叫醒了耶穌，說：「夫子！我們就要喪命了，你難道不在乎嗎？」耶穌醒了，斥責風，向海說：「住了吧！靜了吧！」風就止住，大大的平靜了。（馬可福音4:39 NJB）

你天上的父親在乎你！

> 你不要害怕，因為我已救贖了你；我曾提你的名召你；你是屬我的。你從水中經過，我必與你同在。你踏過江河，水必不漫過你。你從火中經過，必不被燒；火焰也不著在你身上。因為我是耶和華你的神，是以色列的聖者，你的拯救者……因你在我眼中極為寶貴，又因我愛你。（以賽亞書43:1 NJB）

這就是祂為何說：

> 所以我告訴你們，不要為生命憂慮吃什麼，也不要為身體憂慮穿什麼……你們哪一個能用思慮使自己的壽數多加一刻呢？這最小的事你們尚且不能作，為什麼還憂慮其餘的事呢？……你們只管

求他的國，這些東西就必加給你們了。你們這小群，不要懼怕，因為你們的父樂意把國賜給你們。（路加福音12:22-32 NJB）

祂不僅在乎你，也在乎你正在經歷的一切。藉著祂盟約的愛，為了你的緣故，祂選擇在你生命中的每時每刻，以祂無限的大能來看顧你。這就是神的寵愛。

## 你是阿爸的最愛——習慣它吧！

人人都想要那種成為某人最愛的特殊感覺。好比在唸小學時，希望收到班上那個坐在教室另一頭，你意中人的情人節卡片。但不論從過去到現在，你是否曾經感受過成為某人千挑萬選中的最愛；可以確定不疑的是，你是阿爸父的最愛！而祂為你挑選了一張單單給你的情人節卡片。若你是位男士的話，你是阿爸父的「好小子」，祂的「冠軍」，祂的「王子」。若你是位女士的話，你則是阿爸父的「掌上明珠」，祂「可愛的小公主」……而你將永遠都是。

你也許會想，神有許多子女。神如何能有一個以上的最愛呢？我的答覆是，請抓到重點。神的愛，豐盈到可以讓每個兒女成為祂的最愛，但只有一個方法能經歷到成為祂最愛之人的所有益處，就是，你真的相信它。

成為阿爸的最愛，其中一項益處是，祂給你的只會更多，不會更少！

---
**天父的愛是多層次的，**
**就像是在寒夜裡，蓋上一層又一層羽絨被一樣，暖烘烘。**

---

約翰福音1章16節中提到：「從他豐滿的恩典裡，我們都領受了，而且恩上加恩。」(NJB)《重點提示版新約聖經》(Emphasized New Testament) 翻譯成我們領受「一個接著一個的恩典」。威廉・巴克萊 (William Barclay) 的新約翻譯成：「一波又一波的恩典。」《二十世紀新約聖經》(The Twentieth

Century New Testament)則譯作我們已領受「一個接著一個祂愛的恩賜」。這些字句，在在都傳達了天父對我們大愛的無盡寶藏，還又免除了我們這方面要做的任何努力。況且，神肯定不會拿走昨日的祝福，今天祂超大劑量的愛，勢必會累積到祂先前祝福的上頭！

　　如果你最近從某人口中聽了什麼冷言冷語，不妨蓋上一層阿爸滲透你心的愛，就像是蓋了一條暖毛毯一樣。如果外在環境讓你感到心灰意冷，那麼就回到平安之處，在另一層安慰中曬曬日光浴，這安慰是來自阿爸對你所懷的心腸衷曲。如果你被自己或別人逼得要事事完美，喘不過氣來；何不來接受阿爸父對你的評價——「你夠好了，你夠資格！」

　　你越是意識到作為君王兒女的無上恩寵，你就越能帶著作為祂兒女的喜悅，展翅高飛於雲端之上，不論外在環境如何。我鼓勵你大聲說出來：「我是阿爸父的最愛，事實就是如此！」

　　對了！還有，這是祂給你的情人節卡片：

我所愛的，
你屬於我，我也永遠屬於你。
你對我而言，是如此寶貴。
我無法停止想著你。
在我眼中你是完美的，正是我想要的那樣！
我要把我的愛給你，使你篤信不疑——
無一事物能把我們分開。
因為這樣，我對你的愛永無止盡。
我有各樣美好的驚喜等著你。
我一直為你歡唱，使你滿了喜樂。
我為你著迷，
此時此刻我正為你高歌。
我肯定你，
我非常喜悅與你時時刻刻，朝夕相處，
包括現在這一刻。
還有那一刻。

> 和另一刻……
> 與我同去，我所愛的，我的可人兒！[4]
> ～天父爸爸

## 阿爸的親吻

我記得有次我們一家人出遊到遊樂園，回程途中停下來吃披薩。我那即將兩歲大的姪女伊莎貝拉與我們同行，在忙著玩了一天之後，她幾乎是累癱了。她動也不動，趴在媽媽基亞娜身上呼呼大睡。基亞娜柔情地看著寶貝女兒說：「我喜歡這樣的時刻，因為我可以盡情地親吻伊莎貝拉。」當然，她言下之意是，她那兩歲大的寶寶精力充沛，靜不下一刻半晌，好讓媽媽可以多吻她幾下。現在媽媽的機會來了！

她此話一出，我立即想到，這是我們天上的阿爸何等疼愛我們的最佳寫照啊！對我們的天父而言，我們是寶貴的，祂欣喜看著我們跑來跑去，發現新事物。但因為我們都太精力旺盛，靜不下來享受祂的親吻，祂幾乎等不及我們到一日將盡，筋疲力竭需要休息時。這時爸爸說：「喔，太好了！現在我可以盡情親吻他們了。」你瞧，神也不打盹，也不睡覺。[5]

你想想我們睡覺時，祂在做什麼呢？嗯……既然神就是愛，祂就利用這時間來盡情親吻我們，這是可以理解的。正如伊莎貝拉，你不需做什麼來接受這些親吻。阿爸必須對祂所鍾愛的表示愛意，這只不過是阿爸完美大愛的自然反應罷了。祂所鍾愛的就是你和我！

難怪我們每日清晨都帶著嶄新慈愛的恩典醒來。[6] 那是因為整晚我們都在領受豐沛大量且持續澆灌的大愛。耶利米書31章3節（BBE）寫到：

> 我以永遠的愛愛你；以憐憫慈愛吸引你。

神有一個明確的動機向我們傾注祂的愛。即是：因為神知道祂是我們最好的福份，祂使我們無法拒絕祂，我們也將發現自己持續被吸引到

祂的心懷中。

如果你認為這是個大好的消息，那麼我還有更好的消息要告訴你。你不需等到夜深人靜時才能領受阿爸的親吻。神一直都在傾注祂的大愛，在我們清醒活躍時也引導我們，使我們越來越清楚意識到祂的愛。事實上，保羅最迫切的禱告之一，就是要我們真正明白神的愛是何等的長闊高深。[7]

這就是何以我們靜下來享受「浸泡時光」是如此的重要，因為在這段時光中，我們學會如何與天父心心相印，體貼祂的心意，並更多經歷持續不斷愛的洪流。你何不現在就花點時間靜下心來，再次來認同世間所知最有力的真理：「阿爸，祢愛我！」

> 祂不只是禮貌性地容讓你而已，祂全然以你為樂！（以弗所書 5:29 TMT）

---

## 默想與回應

- 知道你給天父帶來極大的喜悅時，你是什麼感受呢？
- 請靜心片刻，聆聽神對你的歌唱。當旋律將你浸泡在祂的愛與喜悅中時，且聽祂慈言中的歡聲笑語。
- 如果你與神的主要目的是為了享受祂，那麼你與祂相處的時光將會是如何？
- 同意神看你極其可愛。何不就來問問祂，為何這是真實的你。
- 那些關乎神不可能，也不願愛你的說詞，有那些是需要丟進垃圾桶的呢？
- 神在乎那些對你來說是重要的芝麻小事。在知道此事後，有什麼是過去怕提出來麻煩祂，而現在想跟祂說說的呢？
- 別怕！就大聲說吧！「我是阿爸父的最愛！」你從這真理中可以得享什麼益處呢？
- 最近你何時經歷到阿爸從天堂來的親吻呢？請祂今天再給你一個

親吻，並請祂讓你知道你沒有錯過。

# 第五章

# 一心成就你

❦

> 我的孩子，你夠好。你夠資格。
> 我的愛子耶穌，已為你成就了這一切。
> 我沒有讓你有任何的不足。
> 我認可你！
> 我給你的人生標竿會大獲全勝，
> 且讓我來定義成功為何
> ——來與我共享這段旅程。

**當**我五歲大時，我們全家出遊到聖克魯茲 (Santa Cruz) 山區小木屋度假，在長途旅行中我在休旅車後座睡著了。我們一家六人，爸媽坐在前座，哥哥姐姐坐中間那排，年紀最小的我和另一個姐姐，就平躺在後座的行李置放區（當時還沒有規定要繫安全帶）。我清楚記得兩件事。

我第一個回憶是，當我頭靠在搖我入睡的枕頭上，聽見車子發出深沉的嗡嗡聲。第二個回憶是，了無掛慮。因為是我爸爸在開車。我不需要知道路途走到哪裡，或是車子還有沒有油，或操心任何其他事。我知道爸爸會把一家大小帶到我們一心期待的地方。我一無掛慮地進入夢鄉，因為我知道當我醒來時，我會安然無恙地在小木屋中與家人共享天倫之樂。

## 享受著旅程

我們在天上的父是一位真正顧家者。祂喜愛帶祂的兒女們，雲遊四方，祂樂在其中。我後來全心相信一件事，那就是祂知道如何讓我們安全到達！最後我們將永遠與祂在一個意想不到，又最好玩的地方。

---

**在今生今世，當我們害怕走在這旅程上時，
神只要我們做的，就是平躺下來，
傾聽祂沉穩的心跳，並以孩童般的信靠，
相信祂將會帶我們安然無恙地，到達下一個目的地。**

---

是的，一路上有時會有顛簸和困難，但我們有一位至好的阿爸，祂比世上最有愛心的父親更加疼愛我們。

祂是那位對我們說：

> 我使他們安然躺臥。（何西阿書2:18 NJB）

祂是那位開車載我們一站接著一站，直到我們抵達終點，與他永遠在一起的天父。

> 你們在所行的一切路上，你們的神不斷支持並撫養你們，如同人支持撫養兒子一般，直等你們來到這地⋯⋯祂在路上，走在你們前面，為你們找安營之地，夜間在火柱裡，日間在雲柱裡，指示你們的道路。（申命記1:31, 33 NJB）

祂也是那位知道如何帶我們安全抵達目的地的天父。

> 祂能保守你們不至失足，安然地帶領你們，歡歡喜喜地到祂榮耀的面前⋯⋯（猶大書24 NJB）

## 沒有 B 計劃

我們身為人類有兩個最大的需要，一個是被愛的需要，一個是活得有意義的需要——以至於，我們的一生能給這世界帶來一些真切的改變。神造我們時就把這兩個需要，內建到我們靈魂深處，而祂的心意理當是全然滿足這兩個需要。有趣的是，這兩個需要密不可分，息息相關。知道並經歷到祂豐滿無條件的大愛，對我們完成此一目的是非常重要的，這目的就是當對待那些祂擺在我們面前的人時，我們能正確地代表祂。

> 當我回顧神在我一生中帶領我走過的路，
> 我能真心地說，祂神乎其技，調度萬有。
> 即便是負面的事情，祂都可以交織成一個精彩絕倫的計劃，
> 為著祂神聖的心意，確實地引領我，到達祂要我去的地方。

我確信，當我們似乎把祂的 A 計劃搞得一團亂時，神的心中並沒有 B 計劃。祂比這一切更大！祂善用每一事件耐心地教導我們，將我們塑造為基督的樣式，以祂的愛來愛人，並在地上帶下祂天國的權能。當我們試著分析在日常中所做的事，似乎每一天並不都照著那計劃進行著。然而，為了我們創造了時間，卻完全活在時序限制之外的天父，這麼對我們說：

> 我兒，暫且後退一步，來從我完善的視角看一看這個更大的圖像。我是在起初，是在末了，也同時在其間的分分秒秒裡。對我而言，時間中的時時刻刻都是「現在」。在你人生開始的第一天前，我便知道會發生在你身上的每時每刻，點點滴滴。我看到的你，是已經成形的樣子。我看到的是一件成品，而我喜悅我所見到的樣子。我知道如何帶你去到我要你去的地方，因為我已在那裡與你同在了。你需要信任我是那位在你身上的創始成終者。[1] 的確，你的自由意志會造成某些結果，但我已經把這些結果都考

慮過了。對你的人生，我沒有 B 計劃，只有獨一無二的 A 計劃，藉此在你內心，透過你，來做一切我應許要做的事。我一點一點地向你揭示我的本性，你也因此得以榮上加榮的被更新。[2]

我們在天上的父親對祂每個兒女的人生，都有一個十分完美的計劃。祂不辭辛勞來安排我們生活中的每個細節，直到祂完全滿意為止。

祂根據祂心意的藍圖，從一開始就事先設計並塑造我們，與祂愛子共同模塑成一樣的形象。我們看見我們生命的原形與預定的樣式保存在祂愛子身上；祂（耶穌）是從我們同一個母腹所生的長子，揭曉了我們的源頭。祂確認我們是神的創作。祂宣告我們為義，並恢復了祂的榮美在我們裡面，吻合了祂對我們人生的定義，以及我們最初的屬靈身份。（羅馬書8:29-30 TMT）

請注意，所有的重點都在於神將要在你身上成就什麼，以及祂將如何帶領你到那裡。這實在是不可思議！

## 完美地調度我一生

在我成長的過程，我真正想要做的是一名小型動物的獸醫。我持定這目標，在高中時就在獸醫診所勤奮工作。我成了我們當地4-H 俱樂部的主席，有一年夏天我甚至養了一頭羊，還在市集上拍賣售出。我在加州大學戴維斯分校取得動物學學士學位。雖然我很早就把生命交給了耶穌，我卻是在大學期間重新發現了祂——或許應該這麼說，祂以我無可抗拒的方式重新奪了我的心。

我大學的成績沒有好到可以進去競爭激烈的加大戴維斯分校獸醫學研究所。雖然我很失望，我仍選擇繼續追求我對動物的熱愛。在取得了學士學位後，我在加大戴維斯分校靈長類中心研究不同品種的猴子。接著，我在加州紅木城 (Redwood City) 美國非洲海洋世界 (Marine World Africa USA) 找到了一份動物愛好者夢寐以求的工作。我在生態劇場的教

育秀中表演，並協助將三隻小老虎從吃奶期養到四個月大（四個月大的老虎已經長到六十磅了！）。我也學會照顧美洲駝，北極狐，獰貓，雪貂，大蟒蛇，吊鼠及其他許多動物。這裡真是動物愛好者的天堂，然而我的心並不那麼踏實，也不覺得這就是我活著的目的。

在此同時，我也在教會的中學生事工中服事。在這些正在尋找答案，尷尬青春期且迫切需要肯定的青少年身上，我看到我所付出的影響。我覺得和他們相處，幫助他們明白與神同行此人生之旅的意義，讓我感到深切的滿足。我越來越明白，幫助人鼓勵人，比訓練動物讓我更感到充實滿足。

寫到這裡，且讓我說，我們每人都有許多特殊的天份，和改變世界的熱情與渴望。我們原本就是為此而受造。我這裡的重點不是說，與人相處比與動物相處來得重要，而是要說，我發現神塑造我，是要我成為什麼樣的人了。

神使用我想成為一名獸醫的渴望，帶領我一路走來，最後到服事人的新夢想。我深深意識到我和動物相處的歲月並沒有浪費。我也大大享受那段旅程。我經常輔導人走出去追逐夢想，因為即使他們未能照自己的意思看見夢想實現，神有辦法完美地調度生活中的大小事，重新調整他們的步伐，到祂要他們去的地方。

---
**當我繼續走在我父擺在我面前的道路時，
在我生命的每個轉角處，神都厚賜我諸般的恩惠。
祂適時地，持續地鼓勵我，好叫我不輕言放棄。**

---

在我發現我有這股新熱情，要成為領人親近神的牧師之後，我進入加州富勒神學院 (Fuller Theological Seminary) 攻讀為期三年的神學碩士學位。在神學院的第一年，我娶了我大學時代的心上人，也是我的摯友蘇珊。除了選擇跟隨基督外，這是我人生最好的選擇！神在祂無比豐盛的良善中，賜給我一位完美的妻子來與我共享人生。

在我取得神學碩士學位之前，我開始四處面試，各地尋找教會的牧師職位。在兩個教會中，我是決選名單中的一位，但最後未能中選。那

時，我再過兩個月就要畢業了。我的焦慮與日俱增。我坦白地提醒神：「你知道我結了婚有妻子要照顧吧？而你知道我再過兩個月就要畢業了吧？我該怎麼辦呢？」在這憂慮的狀態下（就讓我老實說吧！），一天晚上我就寢後做了一個夢，從此改變了我的一生。

在夢中，耶穌身穿白袍走過來。他雙眼直視著我，問：「布蘭特，你愛我嗎？」我立即回答：「主！你知道我愛你。」

他回覆：「別擔心。我有個地方給你。」正當他這麼說時，他伸出手觸摸我。他一接觸到我身體時，我從頭到腳籠罩在一道白色電光中閃閃發亮。祂榮耀的同在就像是一百萬瓦天上的電流震撼了我的身軀！就在此刻我從夢中醒來，立即清醒，全身上下還閃耀著天上的白光。我所能做的就是躺著哭泣，因為主浩大榮耀的同在臨到我身上。

接下來發生的事簡直就是奇蹟。就在我畢業後幾天，我就被聘為加州普萊森頓 (Pleasanton) 教會的牧師。在我做這夢之前，該教會從沒聽過我的名字，但不到兩個月的時間，他們就在通常需要一年時間才能完成的程序中，聘任我為他們的助理牧師。直到今天，我很確定耶穌在我面前開了一條路，並說：「去吧！這就是我要你去的地方。」

在這教會的期間，我持續全心追求耶穌，也開始以我未曾知道的方式經歷到神行神跡奇事的一面。從那時起，我目睹了數以百計令人讚嘆不已的神蹟，像是瞎眼，耳聾，癱瘓的脊椎，以及許許多多的疾病都奉耶穌大能之名而完全得了醫治！我將在後面幾章分享其中一些故事。

神也使用這段時間開了我的眼睛，讓我真正體會到基督肢體（家庭）的多元性，不只是那些信念與我相同的人而已。祂放入了一個渴望在我心裡，能以祂的眼光，來看待神家中的合一。結果，我和附近其他的牧師們發展出了深厚的友誼。

七年後，我們教會發生一些不幸的事件，使得全部員工被要求離職。雖然我個人並未涉入這些事，我也仍身受其害。回首這段往事，我看見神如何將我輕輕推出我為自己在那裡築起的安樂窩。

在這時，我本想要離開這城市到別處去帶教會。不過，顯然我的天父有別的打算。

1997年一日，蘇珊和我在戲院看重拍的《天使保鑣》(The Preacher's

Wife) 這部電影，就在看到一半時，聖靈以戲劇性的方式臨到我。突然間，在偌大的戲院裡只有主和我兩人單獨在一起。電影淡出銀幕外，主讓我全心注意在祂身上。我直接從阿爸父的心懷中領受十至十五分鐘心對心的交談。

祂跟我說：「布蘭特，我兒，你不僅要相信我，更要相信我對你說的這番話，這是至關緊要的。我要你留在這個地區。我在這裡有計劃要給你。」我不知道這是什麼意思，也不知道這計劃將是如何，但因著過去我與全然信實的天父相交的經驗，我的答覆是：「好的，主！」祂也告訴我去讀希伯來書第十一章，因為祂有訊息要告訴我。

稍後，當我沉思此經文時，我讀到第8節：「亞伯拉罕因著信，蒙召的時候，就遵命出去，往將來要得為業的地方去。」(NJB) 神對我說，停！我要你就在這地區取得你的產業。這是我超自然地呼召你，也是我要興旺你的地方。所以就在當下，我在地上立下了屬靈的柱子，認領了我的產業。

當神給我們對未來的清楚應許時，祂也會提供我們一塊紀念碑，來懷抱於心，特別是當時的環境似乎並不符合我們所認為的。那時，我要向世人表明神不變大愛的訊息，仍需透過一些極痛苦的人生功課，才能鑿進我靈魂深處。神預先給我未來的應許，為的是要我不輕言放棄。

在領受了這來自神清楚的應許，要我留在這個地區之後，蘇珊和我決定冒一次大險。我們要創辦自己的教會。我們同時大為興奮卻又害怕得要命。這是我生平第一次獨自創業，我決定要成立一個歡迎神同在，且使人興盛的教會。在這教會裡，我們有過無比歡樂，又滿了權能的時光。我得承認，我們有些是在錯誤中學習。然而，由於領導團隊之間一些無法妥協的歧見，四年之後我離開了那個教會，覺得自己一敗塗地，讓神大失所望。蘇珊和我在這過程中深受傷害，我們也深深傷害了別人。就人際關係而言，這是我們一生中最痛苦的一段歲月。

然而，就在這摧心折肝的痛苦時日中，我學到關於我自己及關於我天父的信實的無價功課。

我學到，我的身份絕不是來自於我做了什麼，而必須是僅根源於我所歸屬的那位。

我學到，竭盡所能成為神完美的兒子，絕無法取代安息在天父偉大胸懷的安穩中。

我學到，除非我更深地浸泡在天父的愛中，我將會傷害人也會造成他人的痛苦，即使我無意這麼做。

我學到，作為一個牧師的職責，不是要建立一個教會（耶穌已成就了此事），而是透過相親相愛，廣施恩惠與彼此尊榮的家庭文化來拓展神的國度。

正如我在第一章所解釋的，阿爸父在我痛苦萬分時，透過祂不斷地肯定與不變的愛，來深深恢復我的心。祂持續認定我是祂所愛，所切慕的兒子，直到我的夢想再度浮現。蘇珊和我會花一天數小時浸泡在阿爸父的愛中，有時因為祂還有諸多美好的計劃要給我們，我們壓抑不住內心感激之情，而淚流滿面。祂賜給我們勇氣讓我們繼續走下去。

撫今追昔，展望未來，我們開拓了熾火教會(Blazing Fire Church)，實現了神放置在我們心中的夢想。今天我們還是熾火教會的牧師。成為一個屬靈的大家庭，我們發現，我們越是享受神的同在，神的同在就越能更新我們，越能不費力地向飢渴父愛的世人流露天父的大愛。

在開設這間教會的幾年後，有一天，我在加州美麗的海岸山脈的登山步道健行時，神對我的心說了一些我永難忘懷的話。當我沉思於前一個教會破碎的夢想時，我聽到我天父爸爸說：「我要你因著發生在你人生中的每件事來感謝我，如果這些事沒有發生，你不會是現在的你。」

突然間，主信實地陪我走過的一切苦楚，都有了用意。我能看見這經驗如何改變了我。在經歷人生苦難之前，對主愛的認識，我是無法像如今這般深刻的。阿爸父邀請我過一個全然沒有苦毒，失望與後悔的人生，如此才能讓我清楚看見祂在我生命中將展開的良善完美計劃。

耶穌在我夢中顯現的二十多年後，我仍然在普萊森頓這裡。藉由人生旅途上的高低起伏，以更深刻的方式遇見了神的愛，祂傳授給我一個愛人鼓勵人的心。祂給了我強烈的渴望，去招聚，去鼓勵我們地區和大舊金山灣區的牧師和事工領袖。

在來到這地區幾年後，主很清楚地對我說：「不論你參與或不參與，我的靈都要橫掃這谷地和這灣區。你想參與其中嗎？」我的答覆一直都

是迴盪耳際的「是的，主！」這件事千真萬確的發生了，而祂聖靈甘甜的同在也持續地有增無減。

我們的天父是說真的：「我知道我向你們所懷的意念是賜平安的意念，不是降災禍的意念，要叫你們末後有指。」3 這是我們阿爸父的真心。這也是祂為你所懷的真意。

---

**祂並非對你的一生不感興趣，或只是不經意地袖手旁觀，
祂正在精心設計你生活中的大小事，
並製出美麗的馨香之氣，吸引他人來到這美麗的源頭。**

---

祂所行的每件事裡都把你算在內，不是因為祂必須這麼做，而是因為祂想要，也選擇要這麼做。祂和你驕傲地共同擁有一家父子／父女建築公司！

你終極的命定有個終點，就是和造你及伴你的造物主面對面，然而你一路上的旅途也是命定的一部份。如果你的命定只是一個終點，那你就錯過了在人生路途上時時刻刻可以有的喜悅，那是你天父有意要給你的。我仍在活出我的命定中，而在旅途上的每個階段，阿爸父一直在那裡鼓勵我，扶持我，修正我的方向，甚至在必要時載我一程，好讓我恢復精力。我們每個人都需要來自天父的這種關愛指點，祂也樂於指點迷津。祂對我們盟約的承諾是：「我將調度萬有裡一切的一切――使你得著益處，因為我愛你。」4

神邀請我們從祂的角度來看世界及我們自己的人生。祂說：「孩子，爬到我的大腿上來，來看我所看見的一整幅畫面，擺在眼前的，就是你人生已確定的勝利！」

我鼓勵你現在就花點時間，來與阿爸父獨處，坐在祂大腿上，請祂和你一起從祂完美的角度，來回顧你的一生――包括你認為是失敗的事情。請別再為你曾做過不好的決定感到羞愧了，來讚嘆祂驚人的信實吧！如果你的人生現在似乎是坎坷不順的話，請祂給你祂的眼光來看你的人生，並請祂為你前方的路給予鼓勵。

> 義人的路,好像黎明的光,越照越明,直到日午。(箴言4:18 NIV)

## 供應你一切的需要

當我兒子德瑞克想學低音吉他,希望能在他中學敬拜團中演奏時,我真為他高興,很希望能幫他達成此事。我叫他研究一些新舊的低音吉他,為了解聲音的品質,可靠性以及可能想要的其他功能,當然還有各式吉他的價格。我帶他到一家樂器行,他在那裡試了幾把吉他,直到找到適合他的五弦吉他為止。他微笑地告訴我,他已找到了他要的那把低音吉他。我很興奮地走到收銀機前,買下德瑞克需要的吉他和附件,知道這將幫他追逐他遠大的夢想。

他不僅於高中期間在學校的敬拜團,在許多時候他也加入我們教會的敬拜團,一同敬拜。因為我在團中彈木吉他,有時候我會帶著極大的喜悅看著與我一起伴奏的德瑞克。三不五時,我們會帶著笑意的目光彼此相望。我們不但一起敬拜我們的君王,還玩得十分盡興呢!

---
**你的天父爸爸,在你裡面放了驚奇美妙的夢想,
祂定意要幫你實現這些夢想。**

---

這是祂喜悅作的事。事實上,祂給你的夢想如此之大,若沒有祂的協助,僅靠自己是完全無法實現的。這就是祂更高的目的,因為祂的計劃就是要成為你一切所需的供應者。

> 神有能力讓各樣的恩典及恩賜,溢流給你,好讓你在一切事物上總是富足的,同時還有餘力行各樣的善事。神充充足足供應每一筆花費,甚至綽綽有餘,給播種的有錢買種子,給飢餓的人有錢買麵包,祂也供應你一切的花費,又倍增你播種所需的種子,並使你的公義如農作物般成長。(哥林多後書9:8, 10 TSNT)

根據安・奈蘭博士 (Dr Ann Nyland) 的說法：「充充足足供應每一筆花費，甚至綽綽有餘。」這個動詞 epi-khoregeo，指的是支付所有的開銷，每一筆費用，甚至是額外未預料到的花費。[5] 換句話說，不遺餘力，不遺餘財，沒有一件事是他不能支付的。這個字和 khoregos（劇場金主）有相同的字根，它指的是五世紀的希臘公民，支付了整齣戲劇開銷的殊榮——精緻打造的舞台，服裝，演技訓練以及其他所需的一切。這是極大的一筆開銷，支付全部開銷以玉成其事，是被視為莫大的殊榮。在落幕時，這位劇場金主會被帶到台前，接受觀眾如雷的掌聲，以感謝他慷慨解囊成就此事。

　　這齣名為「我們一生」的人生大戲裡，我們的天父知道其中的每一幕，每一個場景，每一個字。祂認為支付你所需的一切，是祂的無上光榮與莫大殊榮。還不只是日子過得去的需要，更包括了錦上添花的一筆——來自天上更多的親吻——向你展現祂的良善，慷慨與恩慈。

　　有一天我們都將與主同在，看見歷世歷代以來，我們的人生是如何完美無瑕地被編織在基督的故事裡，在這其中，我們每個人都被賦予了一個重要的角色來扮演。我們也都將起立鼓掌，以如雷掌聲，感謝神供應了我們扮演角色所需的一切，並帶我們安然回家。

　　真的……祂就是這麼好！

---

*當我們的天父應許，祂是在我們裡面的創始成終者時，祂的自信是在於祂自己，也在於祂有能力張羅一切所需，好將我們帶到我們該去的地方。*

---

深吸一口氣，來享受這旅程吧！

## 但若我失敗了呢？

　　你曾否走到又再次失足，覺得像是個失敗者，納悶於神為何還要忍受你的地步呢？且聽聽這振奮人心的字句：

> 當一個人的生活，蒙神喜悅時，祂堅固他們的腳步。他們或許會失足卻不跌倒，因為主用手扶持他們。（詩篇37:23-24 JMT）

你就是那位蒙神喜悅的人。耶穌以他寶血的代價，已經為你在天上的父，贖回了你。你是與神站在完全正當的地位上，蒙祂喜悅，因為你是祂的！

祂應許穩固你的腳步，並不意味著你永不會失足或跌跤；這意味著祂不會讓你一蹶不振，倒地不起。新美國標準版聖經第24節說：「當他失足時，他不會墜入萬丈深淵。因為是主抓住他的手。」

當我默想這節經文時，神給我看見一個驚奇的異象。我看見一個跌跤的小孩，也立刻看見在孩子頭頂上那雙天父有力的手臂，慈愛穩妥地抓著這孩子的雙手。孩子害怕地閉起眼睛說：「阿爸，我爬不起來。」接著視線往後拉開來，直到我看見了天父握住在半空中的孩子，即使孩子以為自己還在地上。天父溫柔地說：「孩子，放下你的腳，碰碰看你腳下的地面吧！」孩子睜開眼，如釋重負，慢慢地把腳放下，其間天父一直握著他的雙手。

---
**這畫面表達的，就是作為神心肝寶貝的意義
並非你行事完全，從不跌倒，
而是你的天父爸爸使你安然無恙。**
---

神並非緊盯著你看，看你是否中規中矩——祂積極地參與你的旅程，確保你勝利地抵達終點線！神並不是在「忍受你」，祂以你為樂！你絕非是一敗塗地的人，所以千萬不要相信這個謊言。你是神的成功故事。在你看來人生似乎並非那麼一帆風順，這卻是為了證明神恩典之約有多麼奇妙。祂要你知道這點：在你將來的日子裡，還有許多的片段我還不能向你一一道盡，但它們真的很精彩。我知道，因為我已都看全了。孩子，勇往直前！永不放棄！相信我的心中一直有那幅美麗的全景。不只是你人生的全景，我也看全了每個人的一生與我一同在整個歷史洪流中所交織出的全面圖。這一切的一切都將以我所預定的方式成

就。請繼續走我擺在你前面的道路，每走一步就持續來尋問我的指引。

## 反敗為勝

彼得是耶穌最親密的朋友之一，他承諾耶穌，不論發生什麼都不會棄祂於不顧。當彼得在耶穌最黑暗的時刻沒能為他挺身而出，他覺得自己一敗塗地，一無是處。甚至在他看見活生生，復活的耶穌之後，他竟重操舊業回去捕魚，因為他不認為耶穌還會使用他來做什麼。彼得的失敗是在耶穌遭到無情逮捕的那晚，他因貪生怕死，致使他在炭火旁遭到羅馬人質問時，三次否認了耶穌。[6]

你認為約翰何以要在福音書中提到炭火這細節？當你讀到耶穌復活之後，升起炭火，為一整晚打魚的門徒烤魚時，答案就清楚了。[7]

---
**耶穌刻意將彼得帶回炭火的同樣場景，
好讓他這次有機會能大獲全勝。**

---

為了讓彼得能轉敗為勝，且恢復；耶穌三次要彼得確認對祂的愛。耶穌並沒有責怪他。耶穌甚至沒有問彼得為何否認祂。祂只說，餵養我的羊，照顧我的小羊。[8] 耶穌對他說的話，大意如下：

> 彼得，我知道你對所發生的事感到很糟，但是覺得糟並不能成就我需要你成為的人。我明瞭所發生的一切。我知道你愛我，但你需要聽到你自己說的這些話，好讓你再次相信並站起來。我帶你回到炭火的場景——回到你失敗的地方——好讓你這次能成功。彼得，我有事情要你做。我已經拿走了你所有不夠資格的藉口。你是屬我的，你知道我對你的愛。現在是重回競賽中的時候了。我需要你以我的恩典與愛的真理來餵養人。彼得，我需要你照顧迷途歧路的人，指點他們迷津，帶他們回到我所啟示你的天父身邊——這位全心愛著祂每個兒女的天父爸爸。

接著主以驚人的方式使用彼得……這同一位曾經自以為一無是處的人。且讓我們看看彼得人生的下一章，看看接下來的故事。

　　使徒行傳第2章，在聖靈大能運行後，是彼得站起來向眾人講道，當天就有三千人湧入神的國度！在使徒行傳第3章，是彼得和約翰伸出手，在名為「美門」的地方醫治了瘸腿的人，而後又是彼得再次向眾人傳道，兩千多人因此而進入神國。在使徒行傳第4章，彼得不再被懼怕或不信所綑綁。他因為傳講耶穌的福音入獄，即使在命懸一線之際，他仍持續向憤怒的公會傳講耶穌。在使徒行傳第5章，神的大能與榮耀從彼得身上湧流出去，甚至他的影子也能醫治人！在使徒行傳第9章，是彼得醫治了一個全身癱瘓的人，結果呂大和沙崙城裡的人都跟隨了耶穌。同樣也在使徒行傳第9章，是彼得將一名婦人從死裡復活，而使在約帕城裡許多人選擇相信耶穌。彼得到後來是何等的自由，使他得以脫離了過去的懼怕與懷疑，以至於在被囚禁中，劫獄的天使前來釋放他時，他卻在兩獄卒中間呼呼大睡。彼得的過去並未使他喪失資格。神對彼得的愛，以及對彼得要活出他命定的決心，勝過了一切攔阻。

　　神對你也是一樣的。你是蒙神所愛的，你是被接納的。

---

**不論你曾做了什麼，不論你覺得自己多麼失敗，你絕不會喪失神國度的資格。耶穌已經預先給你資格來分享祂的產業了。**

---

請注視著天父的眼睛，繼續前行，祂這樣對你說：「你行的！我正將你抱起，也給你我的力量走前方的路程。」

　　且讓主來愛你，並燒去不屬於在基督裡新造的人的雜質。不論至終是否你會向眾人傳福音，帶領數千人得救；主都已然揀選了你，祂正完美地預備著你以祂的愛去愛人，在祂的國度裡有一番大作為。

　　相信你是個失敗者、輸家，或是神的「未完成工程」，等於是同意了那控告者的聲音。然而，你是單單屬於那位肯定你的真神，同意祂對你的看法，才是唯一值得一聽的聲音。持續看衰自己的人，是無法準備好被神用來造就別人的。知道自己有無窮價值的人，將會一次又一次地與

神遇見，在此相遇中，神的鼓勵會自由地透過他／她湧流到別人身上，造成強大的影響。親愛的，這就是你的命定！

再次傾聽你天上阿爸的聲音，並選擇同意祂對你的看法：

> 我兒，我深知關乎你的一切，我也一直都知道你需要一位救主——這就是為什麼我差遣我的愛子為你而死，周全地確保了你的救恩。如果你忘了自己的身份，我會來提醒你，並帶你回到那條為你設計的生命原路上。
> 你不是一敗塗地；你是我的成功故事！
> 且看我為你寫的下一段人生故事，將會如何陸續舒展開來吧！
> 你不會令我失望；你是我的心肝寶貝。我邀請你攬鏡自照，看見我所看見的。每次我看著你，我都會說：「哇！」因為你使我心醉。事實上，你已擄獲了我的心，使我目不轉睛地看著你！
> 讓我再次告訴你：你不是一敗塗地。千萬不要聽信謊言。
> 當我創造你時，我完全知道我在做什麼，而且我因手中的傑作而興奮不已。我要你。我的孩子，來吧！更貼近一些。將你的頭靠在我胸膛，傾聽我為你發出的心跳聲。這聲音聽起來就像這樣：
> 我愛你……我愛你……我愛你……我愛你……我愛你……
> 我愛你……我愛你……我愛你……我愛你……我愛你……
> 我愛你……我愛你……我愛你……
> ……就這樣直到永永遠遠！

神說祂創造你為得勝者，但為了經歷到得勝的經驗，你必須先克服一些事情。所以，不論有什麼看似無解的阻礙橫亙在你的面前，記得神總是將你放在一個得勝的位置上。為兒女鋪一條康莊大道是任何好父母都會做的事，然而我們的天父不僅僅是「好父母」而已。祂是理想的父母，祂有全備的愛與鼓勵帶你走上奇妙的命定。

來接受鼓勵吧！因為只有美好的事才會臨到你身上，都來自你的天父。這是何以大衛王要如此高歌了：

當你勝利時，我們打算掀開屋頂，高舉旗幟走在遊行隊伍前頭。願你所有的願望盡皆成真！一切都迎刃而解——幫助來到，答案已近了，事事都會圓滿達成的。（詩篇20:5-6 MSG）

## 開展的恩典

阿爸父是你最大的支持與鼓勵者。

---

祂一心要幫你登峰造極，
高飛進入你的命定中，並在這競賽中名列前茅，
與祂一起在頒獎台上領受你的金牌。

---

而祂一直都知道這非常不容易。如果你覺得應付不來，心灰意冷，或是幻滅失望的話，我想直接從神的寶座給你一些鼓勵。

首先，我向你確保，透過這些爭戰，你的天父正以你百思不解的方式，來加強你對祂的信靠。奔向你慈愛天父的懷抱吧！祂一直都渴想你，也未曾放棄過你。前來神親密同在之處吧！別去管那些沮喪失意了，前來享受疼愛你的天父胸懷吧！把你的挫折與焦慮交託給神，祂有寬廣的肩膀來承擔這一切重擔，選擇將你的目光，定睛在愛你靈魂的神（愛人）上面。祂是如此的愛你！祂已選擇你永遠屬於祂。

如果你很想放棄，請聆聽下面主對你的心說話：

> 所以我們不放棄。我們怎能放棄！儘管從外面看來，諸事不順，挫敗連連，然而在裡面，神正在創設新生命，沒有一天不是滿了祂開展的恩典。（哥林多後書4:16 MSG）

祂開展著的恩典一直都褓抱著你，並在你每次需要的時候給你勇氣走下去。神的恩典夠你用！它足夠讓你熬過艱難的日子。它足夠在你失望時給你盼望。它足夠在你看不清你的目標時，給你異象。神向你展開的恩典，足夠你過得勝的生活。

阿爸父對你說：

不要絕望。我仍在幫助你！我的心腸絲毫不曾改變。我知道你不明白我所有的道路。我並沒有要你明白。但有朝一日你將會從我的視角中，看見事情的全貌與真相。在那之前，要知道我與你同在，支持著你，這就夠了。不斷相信我對你良善溫柔的愛。我是你所需的一切。我將永遠是你所需的一切。繼續來親近我，一直從我這裡支取力量。我的同在絕不會讓你失望。我的同在是你所需的一切。我的同在是你終極的目標。

## 默想與回應

- 你是否看見了，神是如何在你人生旅途的各個階段裡，交織成了一個精采絕倫的 A 計劃呢？
- 當你坐在天父的大腿上時，問一問祂，從祂完善的眼光裡，祂是怎麼看待你生命中那些你認為的種種失敗呢？
- 對神在照顧你的能力與意願上，有哪裡，你還需要提昇你的理解呢？
- 與神促膝對坐一會兒，請祂讓你一窺你人生接下來的章節。你也許不會看見許多細節，但當祂指出你未來的計劃時，請一定要注意到祂臉上所綻放的笑容喔！在現階段的旅程中，祂給你當下什麼樣的鼓勵？請務必寫下來喔！
- 在你不堪回首的過去裡，有什麼是讓你覺得神無法使用你的呢？現在選擇在基督裡接受神的饒恕，並將這些不該有的羞愧與譴責，拋到腦後吧！來大聲宣告：「我原諒我自己並非完美。我並沒有喪失資格！耶穌早已預先給我活出命定的資格了。」
- 你可以採取哪一個實際的行動，來向神放在你心中的夢想邁進呢？

# 第六章

# 不惜一切代價恩寵你

❦

我是慈愛的阿爸，不是可怕的嚴父。
當你來到我面前時，永遠不需要害怕。
我會做的，就是愛你，鼓勵你。
這是我的天性，是我樂意做的事。

耶穌喜歡以故事來闡明一個道理。其中耶穌說到，一個父親和他兩個兒子的故事[1]，這裡清楚地描繪出，無論如何，都會這樣地全心委身於我們的一位父親。

## 「浪」父

在許多聖經版本中，編輯給這故事加上的標題為「浪子」，但實際在文本中，我們卻找不到一處將這兩個兒子描述為「浪子」的地方。「浪」這個字意味著奢侈浪費。因此，聖經編輯便用「浪」來形容小兒子，他把他那份家產很快就在揮霍無度的生活中將之敗光了。「浪子」的標題使我們專注在兒子的罪孽上，但耶穌說這故事的目的，主要卻是在描寫一個為父心腸的大愛，無論他兩個兒子的行為是如何的。那麼，這故事講的其實是位浪父。它呈現的是一位父親的畫面，他那不惜一切代價的愛，在不懂的人看來，顯然是一種揮霍或浪費。

故事一開始時，這小兒子要求父親給他，他的那份家產。「爸，我有事要做，有地方要去，有些人要見。我想去探索這個世界，做我想做的事。我要自由，不要別人指使我該做什麼。我現在就要我那份家產！」

這樣厚顏的要求是完全不符合當時文化情理的,無異於打了父親一記耳光。然而,父親竟然答應兒子的要求,給了他那份家產。父親很清楚這樣的要求會讓小兒子惹上麻煩,卻仍願意給他,讓他自己去闖一闖,這個舉動已告訴了我們,關於這父親家裡的氛圍。他很了解,要以鼓勵而非控制或壓迫的方式來愛他兒子。人必須在自由的環境下才能選擇愛。

他允許兒子自作主張,就算是差勁的選擇,也是為了能讓他從中學習。他的目的不是保護兒子不受禍害,他的目的是讓兒子遇到需要遇到的事,好讓他迷途知返。事實上,父親說:「我的心相當安穩,我會讓你去做你需要做的事,並等著你回頭。我也知道,我在你身上所傾注的愛,終將帶你回來。」奇妙的是,父親甚至不在乎他的名譽受損。

> 從他兒子踏出家門的那一刻起,
> 他唯一的焦點便是放在他兒子至終的回頭。

除非父親望穿秋水地,切盼著兒子回來,要不然他怎能大老遠就看到兒子在回家的路上呢?且慢,我們把故事講得太快了。

離家後,小兒子沉溺於聲色犬馬中,成為生命的啃食者,而非給予者。由於他腰纏萬貫,身邊圍繞了一群需索無度的人,使他一炮而紅。儘管這樣縱情聲色的生活看來好像前途無量,其實不過是個假像,一個牢籠。最後在這樣的文化中,他被生吞活剝了。自從他離開了父家,他的來源有限,很快就破產了,頓時發現自己已淪為挨餓的養豬仔⋯⋯

最後,這位離家孤行的兒子終於醒悟了。2 這是本篇故事的轉捩點。他明白世上的榮華只是騙人的幌子,而他也開始看清事情的真相。

> 他覺悟到,他真正想要的一切,
> 他早已擁有,且安穩地在他的父家之中了。

他恍然大悟,如果他當初留在父家的話,他根本不需要求得他那一份家產,因為家裡的一切都已經是他的了。他實在懷念父親的愛,懷念父親家中的安全穩妥,現在他想要回家了。3

雖然小兒子知道家是屬於他的地方，然而他排練多次的一番說詞，卻清楚地證明出他，已忘了父親真愛的本質。他以為他父親必定因他錯誤的決定，會大為光火且蒙羞，他只希望能在他父家裡充當一名僕人。

當你我忘記自己是王子公主，忘記是天父王國的繼承人時，我們可能會在人生中做出一些非常劣等的決定。但，這絕不會改變天父對祂孩子的慈愛。當我們痛悔前非，而自貶為僕人的角色，甚至相信這麼做才是屬靈時，我們便無意中同意了仇敵的斷言，認為自己是一無是處的天涯淪落人。這真是大錯特錯呀！同意仇敵的謊言，實在不會讓我們更接近天父一分一毫的。

> 奴僕完全不能取代兒子的身份！它們剛好相反，前者是在懼怕中亦步亦趨；後者則是欣悅地回應阿爸父的愛。（羅馬書 8:15 TMT）

事實是，我們從未與天父，以及祂對我們的熾愛隔離過。我們有時候「覺得」隔離了，因為我們有個錯誤觀念，以為罪阻隔了我們與神的關係。這在舊約的律法中的確如此，但在新約的恩典中，一旦你已經接受耶穌為你所成就的完全犧牲，就不再如此了。

> 那麼你怎麼想呢？有神在我們這邊，我們怎麼可能會失敗呢？如果神毫不猶豫地為我們付出了一切，欣然接納了我們，又差派自己的兒子暴露在最險惡的環境下，那祂還有什麼不願為我們做的？有誰敢招惹神的選民，與神為敵？又有誰敢說三道四呢？為我們死的那一位——也是為我們復活的那一位——此時此刻正在神面前，力挺著我們。你想有人能在我們與基督的愛之間挑撥離間嗎？絕不可能！患難，困苦，仇恨，飢餓，淪落無家，兇神惡煞，背後中傷都不能，即便是經上所列出最深重的罪孽都不能。（羅馬書8:31-35 MSG）

這就是福音的核心！我們有一位天父，祂將責任全攬在自己身上，

在基督裡提供了一條道路，好讓我們在祂面前是全然美好的——不僅是當我們自以為做對了事時，而是每時每刻都這樣。祂為何要這麼做？說穿了⋯⋯是為了愛！

言歸正傳。兒子選擇回家，他父親已遠遠看見他，便跑上前去擁抱他，不停地親吻他。耶穌的聽眾深知，從一位猶太父親，及其文化的標準來看，這兒子實在是讓父親蒙羞。而父親這種愛得過頭的舉動，正說明了，這一切對父親來說都不重要。重要的是，兒子回家了！

當下，兒子還不能完全相信為父的心腸，試著闡述自己是如何不配做他兒子的一番奴僕般長篇大論；但他父親可不接受。

「兒子呀，別說這般荒唐的話了。你是我兒子！你也將永遠是我兒子。沒有絲毫的改變。你將以嶄新的方式來明白我的仁慈與憐憫。我不審判你；我接納你，歡迎你進入你和我的家。沒錯！我兒，你回家了！我一直在等這一天。我就知道會有這麼一天的。既然你已回來，那麼，其他一切就拋到腦後吧！」

父親接著對僕人說：「快！去把我兒子身份的實證拿來！給我兒子穿上得體的衣著服飾。」父親立刻著手將全部的家產回歸給兒子。

## 完全的恢復

接下來發生的事簡直就是驚人之舉。

父親對歸來的兒子所做的第一個動作，就是將家中最好的長袍披在他身上。這最好的長袍也是父親穿的那一件。下回兒子穿著父親的長袍走進市集，人們看見他，就會深信如同是看見了他的父親，並以對待他父親的敬意來尊敬他。這種過頭的愛，帶來立即的療癒與力量。

接著他以一枚戒指來恢復他兒子的身份。戒指象徵父親的地位和權柄。「兒子，你不需因長期缺席家中的地位，來為自己的錯誤付出代價。我來恢復你所代表我的權柄。」 生活放蕩不羈而敗光父親財產的兒子，現在可以經辦父親的事業了，因為他手上戴有權柄的戒指。從他的英雄——他老父——手上接受信任的一票後，立刻使他改頭換面。

如果這還不夠，父親又給他一雙涼鞋來完成這恢復兒子身份的程

序。家中只有家庭成員能穿鞋，奴僕都是打赤腳的。父親是毫不含糊地宣告，不論他兒子做了什麼，他終究還是他兒子，有權享有兒子該有的一切權利與特權。

父親跟他的僕人說：

> 你們必須以我的兒子的身份來禮遇他。他在世俗的影響之下，一時忘了自己是誰。他完全喪失了我作為他父親的眼光。因此，你們隨侍在旁，好確定他不會忘記他的長袍，鞋子和戒指所代表的權柄。你們要待他一如我的兒子一般，直到他再次活出符合他豐盛的身份地位與自信，直到他記得是我不惜一切代價將他置於我兒子的地位。對了，宰一頭肥牛吧！該是大肆慶祝的時候了！我兒子回來了！

---

**唯一限制我們活在豐盛產業的圓滿人生的原因，
是因我們不能或不願意相信，
天父對我們的慈愛是何等的長闊高深。**

---

我們天父要將我們帶回到祂愛與接納的氛圍的事實中，並以祂擁有的一切都是我們的，這個真理來感動我們的心。沒錯，就是一切。

> 你看出來了嗎？一個兒子，他若是繼續活在奴僕的心態中，那會是多麼的愚昧啊！你的兒子身份，使你立刻有資格有份於神產業裡的一切豐盛，因著基督的緣故，神的產業也成了你的了。（加拉太書4:7 TMT）

你要明白神樂意在你身邊，透過你錯誤的選擇所興起的大乾渴，好創造出一個可以把你帶回他身邊的環境。他之所以這麼做，不是因為他苛薄寡恩或是擺佈操控，而是因為祂瘋狂地愛著你，祂知道你受造的目的。如果你發現自己遠離了天父的愛，那麼，請放下你的執念；醒悟，回來吧！讓阿爸父再次摸著你的心。別再逃離那位愛你的天父。現在是時候奔回阿爸等候已久的懷抱了！

## 長袍，戒指和涼鞋都是給你的！

我想鼓勵你以聖潔的想像力，去經歷阿爸為你披上長袍的興奮與欣慰之情。這長袍是祂自己的公義之袍。且來感受這件份量十足的榮耀之袍，披在你作為祂愛子愛女身上的穩妥與被接納感。

> 他以拯救為衣給我穿上，以公義為袍給我披上，好像新郎戴上華冠，又像新娘配戴妝飾。（以賽亞書61:10 NLT）

這件長袍是我們的公義，是我們透過耶穌基督的寶血，得以在神面前有完全正當的地位。神用這件衣裳，遮蔽我們，如此一來，當祂看我們時，只看見我們是洗淨的，完全純潔的。祂不再記念我們的過犯。[4] 這件長袍，象徵著我們在天父面前，已蒙了悅納，祂以認可與肯定來遮蔽我們，並在基督裡一次解決了我們的傷害，羞恥，失敗，錯誤以及我們不配的感覺。當祂以長袍罩住我們時，我們就會變得越來越像我們的阿爸父！

> 我們眾人既然敞著臉得以看見主的榮光，如同從鏡子裡返照，就被更新變成主的形象，榮上加榮，這是從主的靈而來的。（哥林多後書3:18 NRSV）

現在伸出你的手，讓祂為你戴上戒指。試試吧——看看會發生什麼事？當戒指滑過你的指頭關節時，感受一下我們的天父君王樂於賜給你的權柄———種勝過仇敵的權柄，一種向他人恰如其份地展現出祂的愛與大能的權柄。祂對該怎麼做能使你在生命中，得以正確地向他人展現祂的心意，有著十足的把握。

---

> 祂以極大的仁慈望著你的眼睛，微笑地向你點頭，又給你祂完全的認可，使你做祂全地的大使。[5]
> 你是祂的選擇！

最後，一次伸出一隻腳來，讓滿懷愛意的涼鞋套上你的腳。再次來凝視天父溫暖慈愛的雙眼，為了在你內心留下不可磨滅的印象，祂鏗鏘有力地說：「你是屬我的！你一直以來都是屬我的，你也永遠屬我。千萬不要忘了這一點！來，來分享我的快樂——不是有朝一日，而是此時此刻。我來恢復你作為我愛子的正當地位。」

你們有些人也許從未聽過父母跟你這麼說話。來領受吧。來相信吧。這是真的！如果神正在觸摸你的心，就暫且與祂在此逗留吧！

## 別作掃興的人

讓我把故事說完吧！還有一個留在家裡的大兒子。這寓言，不只是講失喪的小兒子。大兒子也失喪了。他也許並沒有像弟弟那樣身體離家出走，但他的心也一樣，甚至是更多的失連了。耶穌要我們傾聽天父的衷曲，這衷曲不光是給那些放蕩不羈，縱情聲色，深陷慾海無法自拔的人們聽。這同時是說給那些為贏得神的讚許，孜孜不懈，以做事，取代了與阿爸父一同喜樂度日的人們聽的。這兩者都不是天父要我們過的。

大兒子聽到為他弟弟歸來的慶宴的喧嘩聲開始了，但他不願來經歷手足團圓的喜悅，寧可獨自生著悶氣不願進屋裡。父親幾分鐘前喜悅地迎向了小兒子；現在他離開喜宴，以同樣的方式，跑向他心懷怨氣的大兒子，也是一樣疼愛地擁抱他，懇請他進來同樂。耶穌明白表示，我們的天父永遠是那位尋找並邀請我們一同歡慶的父親。

但大兒子沒這麼快被說服。他越想越火大。「你這個兒子（他說不出弟弟，這兩個字）拿了你的家產，去吃喝嫖賭把財產敗光了，誰知他還做了什麼勾當。爸！他丟盡你的臉。不像我。你叫我做什麼，我都一一照做了。幹嘛給他辦桌請客？不追究責任嗎？沒有試用期嗎？何時他當為所做所為受到處份呢？公理何在？那我的獎賞呢？」在他的怨念中，大兒子就跟小兒子一樣地遠離了父親的心懷。

仁慈的父親回答道：

> 我兒，請聽我的心聲。我所有的一切都是你的了！難道你不知道，你不可能再需要為已擁有的東西努力嗎？我不會讓你為此工作，

因為這全都是你的了。我不是為了讓你忙碌才給你事做，我也不打算讓你為我樂於給你的產業工作。我喜悅的是跟你同在一起，也一起與你同工。我慶賀你弟弟的回家，但我也褒獎你。你何不進來與我們一同享受這盛宴呢？

大兒子接下來發生什麼事了？他進屋子裡去了嗎？耶穌沒說。我想我們每個人都可以來給這故事寫個結局。如果我們一直累得半死來取悅神，認為這會提升我們在祂面前的地位，那麼，不平之情，會讓我們不肯進屋裡。或者我們也可以一聽見天父開心的聲音，就走進溫暖舒適的屋裡，加入這場喜宴，共享神為我們預備的盛宴。選擇權在我們的手上。自縛於律法主義的人，認為他們能以所作所為來贏得神的讚許，他們因此變得苦不堪言，筋疲力盡，對別人嚴苛論斷。這樣，人很快會受不了，就想要擺脫一整套「基督徒種種」，一走了之。你也許會聽到人們說：「我試過基督教了，結果是行不通。」他們試著中規中矩，表現良好，卻沒有成功。這並不是天父的心意。耶穌告訴我們這個故事，為的是使我們認識天父的真心，這可是從他對阿爸父的第一手了解來講的。

使徒保羅這麼說：

> 我試著循規蹈矩，累死自己來取悅神，但這行不通。所以我不再做個「律法之人」，好讓我成為屬神之人。（加拉太書2:19 MSG）

請注意在這故事中，父親與兩個兒子的關係從未破裂，也不曾被懷疑過。一開始他是兩個兒子的父親，結尾時他依然是兩個兒子的父親。絲毫沒有改變！

## 永世無窮的饗宴

當我兒子德瑞克和亞倫長大一些時，蘇珊和我喜歡為他們辦派對。看著他們與朋友玩耍時開懷地笑，看到他們自覺獨特，我們喜悅洋溢。看他們期待又小心翼翼地打開禮物，更是格外有意思。你可以讀出他們臉上的表情——什麼？你買這個給我？喔，耶！旁人也許會認為禮物太

誇張過頭了。我們也無法自拔，就是想這樣做。這就是寵愛孩子帶來的喜悅！

### 你在天上的父喜歡派對！祂根本就是辦派對的那一位！

當耶穌講故事，讓人明白他天父真實的樣子時，祂清楚地表示祂的父親喜歡派對。任何以為我們沒有一個有趣阿爸的人，壓根就不了解祂。當祂找回迷途羔羊時，祂開派對慶祝。當遺失的銅錢找著時，祂開派對慶祝。當迷失的兒子回頭時，即便孩子敗光了家產，祂還是要開派對慶祝！這可不是雅致的小型茶會，而是一個傾全力，宰牛殺羊，大家狂歡的大肆慶祝呢！

怎麼會這樣大肆的慶祝呢？我所能想到最好的解釋就是，神真的，真的好高興，祂樂意把這喜悅傳開來。是什麼給祂帶來如此多的喜悅，使祂情不自禁，快樂地藏也藏不住呢？我想在你內心深處，已經知道答案了。那就是你！你給祂帶來極大的喜悅。你給祂帶來如此多的喜悅，以至於祂千方百計要傾倒祂的愛給你。

### 祂要給你誇張過頭的禮物。
### 不是因為祂必須（這就不好玩了），而是因為祂想要。
### 愛，是會這麼做的。

你是神必須擁有的那人。你的驚鴻一瞥使祂心蕩神移。讓祂相思成病的那位，就是你。因為耶穌在十架上，已付清了全部贖價，使你永遠歸屬於祂，祂選擇辦一場永世無窮的饗宴！

> 頌讚歸於神，我們的主——救主耶穌的天父。因為我們與救主的連結，神已經從天上澆灌下如此多的好處，以至於我們捧腹笑得更開懷，更久也更爽朗。很久很久以前，在宇宙從無到有之前，神讓救主揀選了我們成為祂特殊的子民，完全地赦免我們，又得祂的蒙愛！神一直想要的，那念念不忘的，是讓我們完成我們的

命定——透過救主耶穌的連結，得以被收養進入祂的家庭。祂是如此愛著祂的愛子耶穌，以至於祂賜下了堆得高高，令人眼花撩亂的白白厚禮，讓我們看得啞口無言——只能說，我們所有的一切都是神的功勞。我們與耶穌的連結引發了神誇張過頭的慷慨。若不是祂的智慧知道如何吸引我們的心，你會以為祂用所有這些好處想把我們寵壞了呢！（以弗所書1:3-6《街上的話》(The Word on the Street)）

## 純粹的恩典

我們天父的手臂夠大，足以擁抱那些迷失在罪中之樂的人，以及那些作繭自縛，試著以好行為來配得上恩典的人。令人震驚的是，這兩種人都不會喪失財產繼承權。兩者都能領受天父的愛與接納。這是祂定意在我們生命的每一天，以恩典與憐憫來做的歡喜回應。

而另一方面，雖然我們天父選擇完全不和我們計較，我們卻傾向於論斷別人。如果我們一不小心，就可能會論斷那些我們視為活在罪惡中的人，我們也可能掉入陷阱，論斷那些禁錮於宗教律法主義，守戒持律的人。然而，我們應該向我們的天父看齊，因祂向這兩者說：「來吧。靠近一點。來認識我心中的美善。這饗宴是為你而辦的！當你漸漸認識，並相信我對你的心意時，你將真實成為我所造的你。」

---

> 阿爸父不斷伸出手，邀請祂所有的兒女，
> 進入祂給他們美好無比的計劃中，
> 即便是在我們錯誤連連時。

---

恩典在不受宗教死亡之握的玷污，以最直接純粹的形式呈現時，聽起來幾乎好得難以置信。但你越是聽聞真正恩典的真理，你就越能自由地享受你的阿爸父，因祂是如此地享受著你！

在一本很棒的著作，名為《衣衫襤褸裡的福音》(The Ragamuffin Gospel)中，作者布里南・曼寧(Brennan Manning)說道：

「因恩典藉著信稱義」這高妙的神學術語，說的就是切斯特頓 (Chesterton) 所謂的「神的猖狂大愛」！然而，祂既非喜怒無常，也非反覆不定；祂是亙古不變。祂對我們只有一個絲毫不變的立場；祂愛我們。祂是人們唯一聽過愛罪人的神。假神——人手所造的神明——鄙視罪人，但耶穌的天父卻愛所有人，不論他們做了什麼。當然，這太難以置信，我們無法接受。然而宗教改革的中心思想仍是成立的：不是藉由我們的功德，而是藉由祂的憐憫，透過祂愛子的生命，死而復活，我們得以恢復與神美好的關係！這就是福音，這就是恩典之約！[6]

羅伯特‧卡彭 (Robert Capon) 以令人折服的觀點，描述了恩典的歷史發現：

> 在宗教改革時期，人們喝得醉茫茫，眼花跟蹌，因為他們在佈滿灰塵的中古後期的地下室裡，發現了一整座地窖，裡面有塵封了一千五百年，兩百度的恩典佳釀———瓶又一瓶的聖經醇酒，只消小酌一口，就足以讓任何人深信不疑。那就是——「神一手獨自拯救了我們。」過去往往人們深怕一有差錯，就上不了天堂。就像擔心沒能完美地綁好鞋帶，就上不了天堂一般。在經過了這類觀念，多個世紀之後，突然間，福音書內的「恩典」昭告於世。曉諭：蒙恩的人，是還沒出發，就已到家了。恩典的佳釀，必須直接喝下去，一飲而盡——絕不加水，不加冰塊，當然也不加薑汁汽水。不論是好，是壞，或是超級靈性之春所綻放的花朵，都不許加添。[7]

太多的基督徒，沒有活在這個神以極高的代價所買來的自由中。他們很沮喪，因為相信都是他們做得不夠好，所以神才生氣的謊言。但其實不該如此，當然也並非如此。

我們有位珍愛我們的天父，一位竭盡所能來釋放我們的救主，祂又賜了聖靈給我們，使我們得以活出基督。哇！這差不多就是萬事俱全了！

> 我們能做的，就是切實地相信，
> 神恩典的計劃真的是這麼好；
> 並以這位厚賜恩典，又妙不可言的阿爸父的熾愛者自居。

你的天父對你說：

我兒，在我家，你是受歡迎的。我有個單單為你預備的地方。你既非僕人，也非奴隸。你是我的兒子／女兒，來享用我為你準備的盛宴吧。我所愛的，我樂意坐在你身旁。來進入我的安息中吧！將你的頭靠在我的胸膛上。噓——傾聽我的心跳。聽到了嗎？它正為你跳動！

現在即可停下來，來照著阿爸父鼓勵你的去做。如果你裡面感受到阿爸在對你訴說，祂對你的愛，請花點時間把它寫在日記裡喔！

## 默想與回應

- 曾幾何時，你就像那個忘了自己是誰的小兒子呢？
- 曾幾何時，你就像那個大兒子，試著賺取自己已經擁有的呢？
- 如果你需要記得你是神真正的兒子／或女兒，現在，請就地站起。真的。就站起來。請阿爸將祂的王袍，披在你的肩上。伸出你的手，讓祂把那權力的戒指套在你的指頭上。最後，伸出一隻腳，接著另一隻腳也伸出來，穿上象徵兒女身份的家鞋。來沉浸在自己完全是天父家中一員的真實裡！
- 你願意接受天父的邀請，參加祂的盛宴嗎？一個國宴級的饗宴會是什麼樣子的呢？
- 你對最純粹，最真實的恩典有什麼樣的感覺？如果你感覺很好，那就多多陶醉於其中吧！如果一開始你覺得不舒服，就請神來幫你，卸下那些一路走來，你可能不經意撿起的任何宗教包袱吧！

孩子，你可知我有多愛你？

# 第二部

# 不用力的恩典，是你的！

孩子,你可知我有多愛你?

# 第七章

## 為你揭開天父的真心

我盼望你來享受我。
看看耶穌，祂是我在地上完美的代表。
再來看看我，來看我眼中的溫柔。
我比你所知的，好得多了。
來，請再靠近一點！

**最**近我覺得自己被人深深誤會，於是我向神抱怨。（我不過是實話實說！）

阿爸，為什麼我只是想幫助人，卻被質疑我的動機？我愛他們，關心他們，卻被莫須有的罪名，遭受到批評呢？

與神言無不盡，無所不談是件好事，然而，你並不會常得到你想要的答覆。你知道我從神那裡聽到什麼嗎？他跟我說：我完全知道你的感受。你也曾多次誤會了我。

啥？我難以置信地回答。但很快地，我便知道，祂說得沒錯。

祂接著說：我沒生你的氣，我兒。然而我的心意，也一直被我的兒女們誤會。因為他們不知我對他們所懷的愛意之深，愛是我一切作為的動機，可是他們沒能領悟我耗費一切心血的大愛，因此他們編織不實言論，對我的性情做出控訴，這與我的真實本性是相違背的。

我開始感受到一絲神被自己鐘愛的兒女，深深誤會的那種痛苦。

主啊，我很抱歉。

祂回答道：

我有一個貫穿歷史的計劃，為了向我在世界各地的兒女們揭示我是誰。於是在歷史中我選擇了一個時間點，藉著我的愛子耶穌來向世人全然顯現。凡是接受神愛子耶穌為他們完全犧牲的人，我就將我的靈放在那些人的心中，而且他們也帶著我的榮耀。我的榮耀就是我的本性，我的性情。藉著我的靈，我讓我的孩子們信服了我真誠的愛——他們越是正確地明白我的心意，他們就越能準確無誤地將我的心意帶到世界各個角落。

希伯來書的作者解釋了天父完美的計劃：

自古以來，神片片斷斷地向我們列祖講述了有關神的愛意的預言。如今，祂與人類對話的總合就在祂兒子身上集其大成了；祂是萬事萬物的正式繼承人；畢竟，祂是歷世歷代的作者。在祂裡面，萬物都找到了他們的命定。人類的開端與存在也在祂裡面。祂是藉由祂永存的呼出，是托住宇宙萬有的力量；而祂的呼出就是道成肉身的耶穌！在祂燦爛的光輝中彰顯了神的榮耀；祂在肉身的形式中體現出神的性情與位格。神這強大的最終呼出，是承載全宇宙重量的載具。祂是萬有的中心主旨。祂的訊息內容是為了慶賀這個事實：神自己成功地一手廢止了罪，且赦免了全人類。現在耶穌是祂大能的右手，坐在無比尊榮的寶座上。祂身居最高權能的寶座上，為著我們的潔淨和無罪成為代表。（希伯來書1:1-3 TMT）

## 完美的代表

有史以來，我們的天父一直被人深深誤解。有些人雖領悟到神極致的美善，但不幸的是，大多數的人卻因著恐懼，和祂保持距離。

舉例而言，在摩西時代的以色列人不願與神見面，因為他們並不真心相信祂的一切作為都是為他們好。他們嚇呆了，只希望摩西代替自己去見神。他們說：「不要神和我們說話，恐怕我們會死亡。摩西，神和你

說什麼，我們都照做。」[1]

當摩西見到神回來之後，他臉上的榮光卻嚇到他們，而不是讓他們也希望自己與神有類似的經歷。[2] 祂召來為了作自己百姓的人，竟害怕祂，不信任祂，這真是傷透了天父的心。我們的天父，一直想要與祂的孩子們同在。向來都是如此！

後來以色列人要求神給一位君王。[3] 天父再次傷心難過。祂受傷的心靈喊著：

只要你們看到我的真心，我就會成為你們的君王的。然而，因你們要的是一位肉身的君主，又因為我愛你們，我會答應你的請求的。要知道我的心意是要作你們的供應者，你們的愛人，你們的朋友和你們的君王。我就是那位好牧人，我還願意為你們犧牲我的性命。有一天我要差遣我的愛子，祂將顯明我對你們的真心。祂將成為萬王之王，且是你們唯一需要的君王。

即使直到今天，許多人依然相信天父是可怕的，他們只想和耶穌互動。他們持守一個錯誤的觀念──耶穌和天父的性情是大不相同的。他們會說：「耶穌，我喜歡。感覺他很安全。對於天父，我就不確定了。祂不就是怒火中燒，忌惡如仇的那位嗎？你是知道的，祂不就是針對我，怒視我，等著要懲罰我的那位嗎？」

不知為何，他們相信一位憤怒的天父準備好要擊倒我們，而耶穌卻站在中間為我們懇求：「不要啊，阿爸！不要將他們滅絕。別這麼做！我愛他們。」

這樣的假設實在可笑。耶穌清楚地表示：「人看見了我，就是看見了父。」[4] 又說：「唯有看見父所做的，子才能做。」[5]

所以，若想把天父看得更清晰，我們就需要更仔細來看耶穌。越是深入探索耶穌及祂阿爸的心，也就是我們阿爸的真心，我們就越能明白祂們的本質和性情是相同的，正如耶穌自己所說：「我與父原為一。」[6]

當耶穌被差來向我們彰顯天父時，祂並非揭示一位性格脫胎換骨，全然一新的神。祂來是要彰顯永存的那位：「眾光之父，在他並沒有改變，也沒有轉動的影兒。」[7]

> 耶穌成為人──成為道成肉身的神──
> 來澄清數世紀以來，人們對神性格的誤解。
> 耶穌是天父對我們豐富大愛的終極與至高的陳述。

耶穌是阿爸父賜予我們那本不配得的恩惠的確據，也是祂浩大的恩德扶持著我們，且不斷以無與倫比的良善，厚賜我們諸般祝福的鐵證。

透過耶穌，天父已向我們每個人證明了：

> 你是我的至寶。在我眼裡你值得一切。我絕對須要有你永遠歸屬於我。我已安排周詳，且絕不掉以輕心。照著我的旨意，耶穌已將阻隔在你我之間種種讓你害怕的事，全都攬在祂自己身上了。在祂完成了十字架上為你捨命的犧牲之後，我已撕裂了象徵阻隔神與人，那環繞至聖所的布幔，就像撕裂一張薄薄的紙一般。並且就在我這麼做時，我吶喊：「不再有了！」

> 不再有分離！不再有阻隔！不再有疏離，阻斷與冷漠！一切都對了。我的兒女不再和我齟齬不合，已完全且全面的和好了。你再也不需要小心翼翼地到我面前──我懇請你一無顧忌地跑過來，就算你免不了一路上要打翻許多東西。來吧！投入我等候已久的懷抱裡，且讓我們開懷大笑，一起享受生活吧。這就是我的心意。

> 對於那些誤解我的人們，我差遣了愛子耶穌，已完美展現我亙古不變的愛的性情。當我告訴你這愛永遠歸你所有時，請相信我！

> 還有一點，神並非因著耶穌才愛你。
> 祂就因著是你，愛你。

祂以愛耶穌的同等方式與強度來愛你。耶穌已證實了這無涯的愛，也確保了你將會永遠與神同在。

## 神在追求祂的愛人

讓我們更深入來看耶穌展現出的天父真心。當你從一個更清晰的眼光裡,得知我們的天父是何等奇妙時,你就能看見祂愛的天性,貫穿於聖經之中。祂對我們溫柔心意的一個明證,記載在舊約何西阿書中。

儘管這卷經書是寫給以色列民族,然而透過我們的彌賽亞耶穌所取得的後嗣身份,祂永不改變的寶貴應許也同樣給了我們。[8] 換句話說,我們得以抓住這些應許當成是自己的了。這節經文對我是一大安慰,特別是在我經歷了人生中一段艱困的時期:

> 因此,我必誘導她,領她到曠野對她說安慰話。在那裡,我要把葡萄園歸還給她,使亞割谷〔災難之谷〕成為希望之門。她必在那裡回應,如同她幼年時從埃及地上來之日一樣。耶和華說,到那日你必稱呼我伊施(就是我夫的意思),不再稱呼我巴力(就是我主的意思)。(何西阿書2:14-16 NJB,括號中的字為後來加上)

在生命的某些時日裡,我們也曾置身於只能用乾旱無水之地來形容的處境中。我們或許做了一些選擇使我們走到這般地步,也或許我們什麼也沒做就淪落到這樣的光景。然而,神給我們的應許是這樣的:

> 當你處在生命中的一個乾旱無水之地時,要知道,我不會一直把你放在那裡,因為我有一個更大的安排要給你。我心所愛的啊!此時,我要從對你的豐沛慈愛中,向你的心說溫柔話語。當這事發生時,我要恢復你生命中的豐碩果實。這意味著你生來要向這世界展現的,將逐一實現。我將扭轉你的環境,要將看似負面的境遇,轉變為令人摒息的好景!
>
> 當你看見我的良善時,你將會再次回應我的愛,正如起初我將你從罪惡的過去中釋放出來,又成了你的初戀情人那般。[9] 儘管你曾經愛我,然而,曾幾何時,我們卻淪為了主僕的關係。這是不

行的，這不是我要的！

一直以來，我就是要一件事：與回應我的愛的人，建立愛的關係。我將新的生命氣息吹進你心，讓你得以將我視為關心你，愛你的丈夫。我不是一個以恐懼威嚇來操縱你的主人。

這與耶穌說的，不謀而合。祂說：「以後我不再稱你們為僕人，因為僕人不知道主人所作的事。我乃稱你們為朋友，因我從我父所聽見的，已經都告訴了你們。」[10]

與天父相合無間的耶穌說：「忠心服侍是基督徒生活中一項美好的品行，但從關係角度而言，我們天父渴望的是情人。不要退而求其次，將僕人當作是與祂關係的基礎——你將會因此錯過情人間互相戀慕所帶來的一切寶藏。」

這將不再是一廂情願的事。我要作你們的神，你們要作我的百姓，不是出於強迫，乃是因互相的戀慕。（希伯來書8:10 TMT）

海蒂・貝克 (Heidi Baker) 是我王的一位了不起女兒，神正藉著她，將祂的國度帶進非洲的莫三比克，她大致敘述了從僕人轉為愛人的過程：

主問她：「海蒂，你想做什麼？」

她答說：「主啊，我願做你要我做的任何事。」雖然聽起來非常屬靈，這種答覆在某些時間點是有它的必要。我們的主，要的是更明確的答案。

祂接著說：「我知道無論我要你做什麼你都會去做，但你想做什麼呢，海蒂？」

她回答：「那好吧！我真正想做的是照顧莫三比克的孤兒寡婦。」

主說：「很好！這也是我想做的事。我們一起來做吧！」

人生旅途中，有一部份是在學習順服主。因為我們相信，祂時時刻刻，都是真心地以我們最大的福祉為念。

> 我們越是明白祂的心懷意念，
> 我們在基督裡的新性情就越能成為我們生活中的自然反應，
> 我們也越能了解到阿爸父有意要我們扮演，
> 既是同工，又是戀人且是朋友的角色，
> 是一個享受與祂攜手合作的關係。

當我想到與好妻子蘇珊之間的關係時，我就能更清楚地明白這個道理了。如果我總是等她告訴我該做什麼，然後才唯唯諾諾地應聲說：「是，親愛的……是，親愛的……是，親愛的……」這樣的關係真是可悲啊！如果蘇珊說：「我們一起來做這件事吧！！」若我唯一的反應是：「無論你想做什麼，我們就做吧！」可能她很快會做出這結論：她嫁給了一個無腦的機器人。當然，她要的是一個真實的關係。我也真心希望蘇珊知道，她想做的事，對我來說也是很重要的。但若這機械式的互動，是我與她之間唯一的對話，這樣的關係，是不會有共同的喜悅，也無法一起經歷人生的。

愛神的人，想討神的喜悅。並非出於害怕或威脅，或是任何其他無法持久的動機。愛神的人，想討祂喜悅。因為這正是相愛的人，自然會做的事。既然，神已挪去了與我們親密關係之間的阻隔——特別是罪惡感，譴責與羞愧——我們已領受了自由，也已受邀來經歷與祂更深的親密相交。接著，我們會想更多留意，聖靈隨時的感動。不讓任何事物，以任何方式阻礙了這親密的關係。神的同在，實在好得無比，讓我們欲罷不能！

就是這真實持久的動機，促使我們在所有聖靈的感動上說：「好的！」進而促使我們活在新生命的豐滿中，遠離罪性的老死生命。一旦你嚐過了主的美善，其他一切將無法相比！你的天父現在正在邀請你，來更深進入祂的心懷中。

## 直達父懷

在你天父的心中有一處專為你擺設的貴賓席，你大可以「自家人」

的身份，直達祂的面前。

> 如何進入基督的豐滿中，並不是你能理解，或成就的；也不單是靠著受割禮，或遵行一長串的規矩，能成就的。不，因為你已經是一位登堂入室的自家人，這不是透過什麼入門儀式，而是藉由基督已為你所成就的一切，因祂已摧毀了罪惡的權勢。（歌羅西書2:11-12 MSG）

在美國內戰的期間，有一名在內戰中失去父親與哥哥的聯軍士兵，去到華府，想見林肯總統。他希望總統能豁免他的兵役，好讓他能回農莊幫忙母親姐姐務農。當他抵達白宮時，林肯總統因軍事纏身，根本無暇見他。他難過極了，坐在附近的一張板凳上。這時有個小男孩走上前來問他：「怎麼啦，阿兵哥？」這名士兵一五一十把心裡的話告訴這男孩。

男孩牽著士兵的手，帶他繞到白宮後面。他們穿過後門，在警衛前走過，也在所有的將軍和高級政府官員前通過，一路直達總統辦公室。小男孩沒敲門，就直接開門進去了。林肯總統和國務卿正在裡面，低頭看著桌上的作戰計劃。林肯總統抬起頭問道：「陶德，有什麼事嗎？」

他正是林肯總統的兒子。陶德說：「阿爸，這阿兵哥要跟你說話。」

就在此時此刻，這名士兵有機會和總統道出苦衷，他也因著家裡的困境，得以免除了兵役。[11]

因著基督，我們獲得了令人摒息的權利，得以直達天聽。然而，天父和林肯總統的不同是，祂永遠有空！

---
**阿爸父不僅握有一切的解決之道，豐富資源供應我們所需，祂還特別喜歡我們跟祂要個愛的抱抱，親近祂。**

---

祂說：「喔，這就是我最想要的！來，靠近點！」

並不是因為我們做得好，或是我們認為自己夠潔淨，夠好，才來接近神。如果是這樣的話，那我們都還在門外徘徊。不，我們有個阿爸是

如此地愛慕我們，以至於祂設計了一個由耶穌執行的計劃，好讓我們隨時都得以祂寶貴兒女的身份來到祂面前，且已是潔淨又完美的了。

> 因為他一次獻祭，就使那些成聖的人永遠完全。（希伯來書10:14 RSV）

> 所以，朋友們，我們現在得以——毫不猶豫地——直接來到神面前，進入「至聖所」中。耶穌已藉著祂犧牲的寶血，為我們開了一條通道，並已在神面前作我們的祭司。來到神面前所經過的「布幔」就是基督的身體。所以且讓我們滿懷信心，確信我們從裡到外都已是聖潔的了。（希伯來書10:19-22 MSG）

> 所以，我們只管坦然無懼地，來到施恩的寶座前，為要得憐憫，蒙恩惠，作隨時的幫助。（希伯來書4:16 NJB）

你的阿爸天父對你說：

> 我兒，來個愛的抱抱，好嗎？到我的懷裡來，讓我知道什麼事正困擾著你。在我的同在裡，你大可忘掉這些煩惱，因為我就在這裡愛著你，再次地向你確保，我知道該如何照顧你！

## 與天父親近

我們的天父喜歡與我們在一起——以至於祂定意永不離開我們。然而，我經常聽到人們說自己親近神的時間和質量都不足。他們不是懊悔過去這幾天，幾週或幾個月親近神的時間不夠，要不就卜定決心，下次要採取新的方針。（「明天我要早點起床親近神。」）這兩種反應都忽視了「隨時隨地」都可以親近神的明顯選擇！

---
**隨時隨地親近阿爸，
並不意味著要你擱下原本今天計劃要做的事。
而單單是享受一天當中那時時刻刻與祂同在的樂趣。**
---

　　懊悔過去實在是在浪費精力，主因是，它將你所有的注意力，集中在你自身的努力和表現上（或你表現不足之處）。檢視你過去的努力，並以某種自救的辦法來改進，並不是神所要的。祂要的是情人，而真正的情人總是會情不自禁地成天深情對望著，並享受彼此的同在。這正是愛人所做的！親近神，一旦淪為當天要勾選的代辦事項時，你將無法享受與生俱來本是與祂親密的甘甜生活。神對你說：

　　哈囉！我就在這裡。別再去看你以為的失敗了，回頭來看看我吧！我是因著有你，眼中閃爍著光芒的那一位。來注視我深深愛你的目光吧！這就對了！這樣好多了。

　　和祂聊聊吧……就在此刻！來邀請祂進入你正在做的事情吧！

---
**當你什麼事都和所愛的人分享，
一切都變得更好了，不是嗎？**
---

　　阿爸父開始和你對話：「你在做啥呀？」
　　你回答：「沒什麼啦！真的。其實也不是什麼重要的事。」
　　祂回答你：「不論你做什麼，對我來說，都非常重要，而且我也很喜歡跟你在一起。我們可以一起做嗎？」
　　相愛的人，不須一直開口說話的。無論做什麼，只要兩人能在一起，就夠了。
　　但過了一會，神說：「你想知道我喜歡做什麼嗎？」
　　你停頓了一下，因為不知自己竟能問神想做什麼？
　　祂帶著溫暖的笑容跟你說……
　　（接下來的故事，且在你與天父親近的時光裡，請你自己把它講完

吧。)

邀請你去發掘阿爸父的真心，讓祂來告訴你祂喜歡做什麼。

如果你還沒感受到與祂的溫馨交流，請別自責！不斷來跟阿爸聊一聊，並期待祂的回應。祂一直都在和你交流，只是祂幾乎不發出人耳能聽到的聲音。這是一個靈與靈的相會，意思是，這是你在內心深處感受到的事。不要將它視作是你自己的空想，而忽略了它。這樣你將會開始明白，神正以祂心中的甘甜真道，餵養著你。

「良人屬我，我也屬他！」(雅歌2:16 NIV)

---

## 默想與回應

- 跟神聊一聊，你在什麼地方可能誤會了祂的心意。給祂機會與你分享祂的真心。
- 你是否知道，在你生命中有哪些地方，你寧願只做神的僕人？若接受祂的邀請，以朋友及愛人的身份，前來與祂相遇。這將會如何改變你的生活呢？
- 「神的愛人，想要取悅祂。」此一事實，如何幫助你明白親密與聖潔之間的直接關聯呢？
- 你想用「直達父懷」來做什麼呢？

# 第八章

# 恩典的新約——難以置信嗎?

> 我必須永遠與你同在,
> 所以,我為你成就了你自己千萬年也做不來的事。
> 這一點,是肯定的!

除非明白恩典的新約,你便無法真正感念並享受到天父的愛。若是排除了耶穌,以及祂十架上成了的善工,恩典的新約,便毫無意義了。我們天父的救恩計劃,實在是好得出奇,好得離譜。我們幾乎難以相信它真的有這麼好。我說幾乎,是因為神將聖靈放在我們裡面,好確保有一位導師,能幫助我們搞懂此事!

恩典的新約,確保了我前七章所說有關天父對你的心意,那是真真實實的。

## 盟約簡史

盟約,是一種契約的協定,或是一個應許。它帶著牢不可破,必定實現的保證。

神與亞伯拉罕訂下盟約後,祂便祝福凡是祝福他的人,詛咒凡是詛咒他的人,並且讓他的子孫後代多如天上的繁星。[1] 直到今日,這應許一直仍在實現中。[2] 為了封存這個盟約,神做了一件很有意思的事。祂讓亞伯拉罕將幾隻動物對切成兩半,並雙雙對放,中間空出一條走道。這是一個古老的立約儀式,立約的兩者都要從被切成兩半的動物屍塊中間走過,並宣告萬一有一方違約,他的下場將和這些動物一樣。(這可不是

鬧著玩的！）然而，在神與亞伯拉罕立的盟約中，只有祂自己從屍塊中走過，以火炬穿過中間的儀式。[3]

藉由這個舉動，神對亞伯拉罕所說的是：「這是個單向的盟約，因為我選擇祝福你。我也一定會實現這應許。就是如此，亞伯拉罕。我是神，我也一定會做到！」就因亞伯拉罕選擇相信，神會信守諾言，他在神面前被稱為好，為義。[4] 請注意，他不是因為自己有多好而得以稱義，單單只因他對神的良善說：是，好的！——也就是，接受神定意要祝福他。

在當時地上所有人當中，是什麼讓亞伯拉罕如此特別，得以領受到來自神的約定呢？真的，沒有。他沒有做什麼事來賺得這祝福。

---
### 亞伯拉罕是神的選擇，因為是神所做的決定，這就是使他非常特別了。
---

順帶一提，你之所以這麼特別也是一樣的原因。

後來，神透過一位名叫摩西的人，與以色列民族進入一個非常不一樣的盟約中，我們稱它為舊約。神與亞伯拉罕的盟約，只是個前奏，它預示了現在我們在基督裡，享受到的恩典之約，這顯明出為何在與以色列立約之後，我們必須要有一位彌賽亞來拯救我們，釋放我們。舊約的一切只是一個預備的平台，它指向最後到來的神人——耶穌基督。

摩西從西奈山帶著十誡下來之後，神與以色列人立下了盟約。簡而言之，基本是這樣子的：「你們將是我的百姓，我是你們的神。我賜你們祝福或不幸——當你們遵守我訂下的律法，就能蒙福；若不遵守，就必受害。」[5]

與亞伯拉罕的盟約不同的是，這個約是一個雙邊協議。雙方都同意這應許，雙方也都必須遵守這約定。神知道以色列人因著亞當的墮落，進入人類當中稱為罪的實體，而無法遵守約定。所以祂准許設立一個獻祭體系，大祭司每年會為百姓的罪，獻上一次贖罪祭。由於照著神形象而造的人，心中有著與生俱來的神聖正義感。在這樣的獻祭體系中，必須有人為罪付出代價，才得以滿足。一年之中，因無法遵行這律法，累

積的罪過與羞恥中的重擔,也因此得以放下,至少暫時可以。為這一年一次的贖罪禮,挑選的祭牲,必須是完美無瑕疵,無玷污的。對於應許的救世主,降臨於世,並一勞永逸地解決罪的問題之前,這只不過是一條應急的 OK 繃。

> 知道你們得贖,脫去你們祖先所傳下來的妄行,不是憑著能壞的金銀寶物,乃是憑著基督的寶血,如同無瑕疵,無玷污的羔羊之血。(彼得前書1:18-19 NJB)

他們在天堂對著復活的救主耶穌高唱這新歌:

> 你配拿書卷,配揭開封印;因為你曾被殺,曾用自己的血從各族,各方,各民,各國中把人買了來,歸於神,使他們為了神成為國王和祭司,他們要在地上執掌王權。(啟示錄5:9-10 NJB)

---

**舊約讓人類無法自救的事實,**
**顯得再明顯不過了,**
**藉此,它指出我們迫切需要一位救主,**
**來為我們做我們自己做不到的事。**

---

耶穌降世,已為舊約的棺木釘上了最後一根釘子,也揭開了恩典新約的序幕。只是,還有一個問題。為了終止舊約,有人必須死。

立約的雙方,在儀式時,從動物屍塊中間走過,說著「若我不持守約定,願我落得和這動物一樣的下場」的這句諾言,仍要遵守如儀。而這約是雙邊的,並非只有神,獨一單方。所以,不是以色列民族死,就是神必須死。殺害「祂的心肝寶貝」—以色列人,這是神不能接受的。於是,神以人的樣式——耶穌,來到了世間。因此,神就這麼死了。

為了讓以色列人這一方,能持守約定,好叫祂心愛的百姓不需要死,這位人子耶穌在世行走時,完美地持守了摩西律法中,所有大大小小的規定。以至於,當祂在十字架上嚥下最後一口氣時,便得以坦然地

說：「成了！」[6]

這就是耶穌所說：「我來並非要廢掉律法，乃是要成全。」[7]有些人誤以為，耶穌是教導我們要繼續活在律法之下。不，祂來，是要做從來沒有人能夠做，或願意做的使命。律法唯一的目的，是讓我們知道，自己總是知法犯法；以至意識到了，自己需要一位救主。[8]一旦我們認識了耶穌，律法就完成了它的目的，我們得以帶著全新的性情，安然回到天父的家中，活在一個全新的國度裡。

## 瞥見榮耀

耶穌被釘死在十架上，啟動了恩典新約的許多世代之前，聖經中的先知們曾描述過這無比的榮耀。如今，我們就活在他們過去僅能瞥見的榮耀日子裡。

神透過先知以西結，描述了這即將來到的新約。（請留意，恩典全是神的工作。）

> 我必用清水灑在你們身上，你們就潔淨了。我必潔淨你們，使你們脫離一切的污穢，棄掉一切的偶像。我必賜給你們一個新心，將新靈放在你們裡面，又從你們的肉體中，除去石心，賜給你們肉心。……你們要作我的子民，我要作你們的神。（以西結書36:25-27 NJB）

「肉心」這個詞，意味著一顆對神的觸摸有反應，有敏銳的心。這就是祂在新約中，放在我們裡面的心。我們活在一個活潑方式的時代，一個阿爸父啟動著我們這顆有反應，且敏銳的心的時代。祂在震撼我們的心，好進入祂豐盛的生命中！祂呼出暖暖的氣息，進到我們心中任何冷漠的地方，好啟動我們裡面所有的愛。

神透過耶利米，讓人們得以窺見這新約的面貌：

> 我要將我的律法放在他們裡面，寫在他們心上。我要作他們的神，

他們要作我的子民。他們各人不再需要教導自己的鄰舍和同胞說：「你要認識耶和華。」因為所有的人，從最小到至大的都會認識我。我也要赦免他們的罪孽，不再記念他們的罪惡。（耶利米書31:33-34 NJB）

在新約中，我們都要為自己來認識主，因為不再有罪惡與羞愧，能阻隔我們與天父之間親密的關係。

一語道破新約的內容，就是：神，單單藉著祂的選擇，定意為我們做成了我們自己一百萬年也做不到的事。祂摧毀了不利我們的一切，摧毀了使我們與祂隔離的死與罪的咒詛。耶穌在十架上，為我們成就的完美犧牲，已使我們永遠在神面前稱義了。如此一來，我們將能在全地，準確地代表神。因祂又將聖靈放在我們裡面，不斷地提醒我們自己的真實身份——是天父珍愛寶貴的兒女，我們已被賦予祂的大能與權柄，在這世上拓展祂愛與恩典的國度。

## 新約驚人的內情

誠如已知，舊約時代正好就在耶穌死時過渡到了新約時代。

> 正如遺囑在某人死時才開始生效，新約也是在耶穌死時才正式啟動。祂的死，標示著從舊計劃過渡到新計劃，一筆勾銷了舊的義務，以及其伴隨而來的罪。呼召了繼承者們，前來承接應許給他們的永恆產業。耶穌以這種新的方式，使神與祂的百姓團圓了。（希伯來書9:16-17 MSG）

---
**就在耶穌死時的這一刻，舊約被廢止撤銷了，新約就此榮耀登場！**

---

在此同時，象徵隔離神和人之間的厚布幔，由上而下，從中間被撕裂開了。[9] 耶穌，破除了那道阻隔在天父與我們之間的罪的咒詛。為了

我們祂上了十架擔當了所有的咒詛，接著又帶著所有的咒詛和祂一起進入墳墓，好讓它從此消聲匿跡。

恩典的新約是天父與祂愛子耶穌之間立下的約定，這使得神成為盟約中唯一的立約者與守約人，正如祂與亞伯拉罕立下的盟約一樣。試想一下，當時天父跟耶穌說話的情境：「我兒，我全心愛著你。我也愛我所有的兒女，我希望他們永遠與我同在。你願意完成律法的要求，為他們死，好讓我們都能在一起嗎？」

耶穌回答：「好的，阿爸！我愛你，我願意這麼做，好讓我們都能團圓。」這盟約，著實是天父與其愛子耶穌之間的一個永恆的愛約。

來看看，在這畫面中，我們在哪裡呢？新約其中的一個奧秘就是，你的眼睛到底是如何被開啟，得以看見耶穌以神兒子的身份，又以救主的身份使你得自由的；當你對祂所做的這一切說「是的」時，你又是如何就此與祂合而為一的。然而，與超越時空的耶穌合而為一，意味著你參與了祂的過去，現在與未來。這正好讓你不偏不倚，一頭栽入了天父與愛子之間這永恆的愛約裡。

如果你想有份於這愛的盟約裡，且還沒有接受耶穌為你而死的真理，現在就是時候了！你是經由信心進入盟約中的，這信心就是，相信神是要你的，並且相信祂已處理了罪的問題，你與神不再有隔閡了。你可以跟阿爸父這麼說：

> 我需要祢，我要進入這盟約中。我相信祢愛我。我承認我無法完全奉行律法。我做不到。我需要一位救主！我需要耶穌！我相信耶穌是祢的兒子，我也相信祢熱切地要我。因此，祢處理了所有罪與隔絕的問題，所以我能坦然無懼地來親近祢，並以我的愛來回應祢的愛。我接受祢完全的赦免。我相信由於耶穌為我死，我在祢面前是潔淨的。我接受祢的聖靈為厚禮，使我成為一個全新的創造。我準備好開始和住在我裡面的聖靈一起生活，請賜給我足夠的愛來愛人。作為一直愛著我的祢，我想知道並經歷到祢是怎麼樣的一位天父。我想認識祢對我愛的浩大。我也想認識祢，耶穌。我想知道祢對我的愛是怎麼樣的愛，使祢甘願代替我走向了十字架。我也想認識祢，聖靈。祢把自己作為厚禮賜給了我，

來幫助我,給我每天明智的指引。祢是我真正需要的那位。請將我浸泡在祢的大能中。主啊!我明白我活著是要經歷並享受祢的同在。當祢帶領我更深進入祢心懷時,我的餘生將會對焦,並專注於祢,與你同步同趨,我也會允許自己相信祢真的是那麼的好。讓我們從現在開始一起共度這一生吧!

在日記中寫下你的決定和日期。今天是你新的生日!噢,你仍可以保留你原來的生日,慶祝你來到世上的日子。這是你屬靈的生日,是你何以活著於世的原因。

---

**你將判若兩人,因為神一直在等待著這一刻;
祂要安居在你裡面,又要從裡到外,愛你愛個夠!**

---

你與基督合而為一是個超自然的事件。一宗神聖的交易發生了。基督的一切現在也都是你的了。你的老我以及伴隨而來的罪性,都在十字架上與祂同死,也與祂同埋入墳墓裡了。[10] 這新的你已經和基督在新生命裡一同復活,一同和祂坐在天上了。[11] 單單憑著相信祂,你就從天而生了———個全新的生命體-你的靈和祂的靈密不可分了。你有了全新的性情———個與祂相同的性情。那就是在基督裡!

> 若有人在基督裡,他就是新造的人,舊事已過,都變成新的了。(哥林多後書5:17 NIV)

> 若有人與彌賽亞合而為一,他就有了全新的開始,被重新創造。看哪!舊生命已過,新生命煥發!(哥林多後書5:17 MSG)

因為亞當在伊甸園中的悖逆,如千斤重擔般,架在我們的脖子上。那罪的實體,已被基督完全征服了。那種使人無法遵守舊約的禍害,已遭受我們強大的救主致命的一擊。

聖經對於罪的問題,在神的新約中,已有了解決:

這是神愛的極致獻禮：就在人類爛到骨子裡時，基督為他們捨命。……我們對神的敵意並未減損神對我們的愛；當祂用愛子的性命來交換我們的時，祂看待我們的價值就等同於祂愛子的了。如今和好的行動已經完成，祂在我們裡面的生命，將我們從最不堪的光景提升到最高的境界……一人打開了犯罪的大門，罪帶入了（靈性的）死亡；罪與（靈性的）死亡衝擊全世界，無人能逃避它的制裁……在犯罪與恩典相比時，兩者唯一的相似之處就是亞當與耶穌都代表芸芸眾生——他們單一的舉動產生了舉世皆然的結果。然而，兩者的結果卻大相逕庭；一者造成（靈性的）死亡，另一者則帶來無限的生命……結論是清楚的：一次的犯罪便判決了全人類於罪中；那麼一次的義行便宣告了全人類無罪。（羅馬書5:8-18 TMT）

這是新聖城版本羅馬書5章18節最後一節的經文：

因一人的過犯，眾人都被定罪；照樣，因另一人的義行，眾人也就被稱義得生命了。

讓我們仔細來看稱義這個字，這是新約中極其重要的一面。我們多少還能了解「寬恕」　我們對神的敵意與仇視，引致了耶穌仕十架上的死，因著阿爸父憐憫的心腸，就不再和我們計較了。然而，稱義又向前邁了一大步。稱義，是說你已經受審，且被判無罪了。因為，已經沒有對你不利的證據了，一絲一毫都沒了。

---
**法官審理你的案子，並將它丟出庭外，不再審理了，因為沒有證據可以判你有罪。你被當庭釋放了！**

---

若神已判你無罪，還有誰能判你有罪呢？沒人能指責你了；祂已稱我們為義，還有誰能定我們罪呢？基督為我們死了——這是無法改變的事實！祂的復活是個無可否認的事實。為了我們蒙愛及

恩寵的益處，祂坐在至高的寶座上，在神的右手邊。（羅馬書 8:33-34 TMT）

對教會——就是那些相信耶穌代替了他們完成救贖犧牲的人——這意味著一勞永逸地脫離了一個建立在懼怕之上的生活，不再納悶著我們是否能進入天父的國度。我們已經身在其中了！我們浪費了生命中寶貴的年歲，擔心一件耶穌已經為我們成就的事。這懼怕將我們綁得死死的，使我們無法大步邁出，去確實活出令人讚嘆的君王兒女。

就在你接受耶穌的當下，你已與祂合一。你已與祂坐在高天。這不是杜撰的——這是千真萬確的。

---
**在某個時候，我們會需要信靠天父的良善；**
**畢竟祂是一己同時擔當了這驚世駭俗，**
**史無前例的大應許的那位許諾者與信守者。**

---

基督的犧牲有多麼徹底呢？

> 死既藉著一人而來，死人復活也藉著一人而來。在亞當裡眾人都死了；照樣，在基督裡眾人也都要復活了。（哥林多前書15:21-22 NJB）

> 因為神只有一位，在神和人中間，也只有一位中保，他乃是降世為人的基督耶穌；他捨了自己，作萬人的贖價。（提摩太前書2:5-6 NJB）

> 你們看，神拯救全人類的恩典已經顯明出來了。（提多書2:11 NJB）

## 法官的最後判決：無罪釋放

這是從屬天的角度來看我所描述的新約。

天使長米迦勒，高聲呼喊：

**你們都聽好，你們都聽好了！從天上的最高法庭，耶和華，創造我們的造物主，保護者，和一切父親源頭的天父，祂已做出了最後的判決，永世不得推翻。**

那亙古常存的天父以如雷的聲音斬釘截鐵地宣佈：

**我看見了我愛子耶穌的完美無瑕，祂完美地完成了舊約律法裡大大小小的規定。因為耶穌為全人類完成了人這邊的約定，我會永遠實踐我要祝福，而非詛咒你的承諾。我的恩典和慈愛將一生一世跟隨著你。**

**我兒子完全代表了我創造萬物的心懷，所以，因著祂的緣故，我對全人類的判決是：「無罪！」**

小木槌重重地敲在法官桌上，權威而明確的驚響，迴盪在時空中，穿越過去，現在和未來。

耶和華接著清清楚楚地說：

注定要過去的次等舊約，其約定的時效是「至死方休」。在永恆裡，代表我三一神的耶穌，以人的形像來到世上……死了。就在祂死時，舊約就被廢除了，對於那些在基督裡的人而言，它就完全過去了——永遠結束了。取而代之的是，一個恩典的新約，直到永遠。

這是我最後且永遠的決定！

因為這一切聽起來，實在好得難以置信。就此，引用天父在經節中提到的判決，來闡明：

如今耶穌所得的職份是更卓越的，正如他是更美之約的中保；這約，是憑藉更美的應許所立的。前約，若沒有瑕疵，就無需另有後約替代了。因此，主指著前約的缺欠說：看哪！日子將到，我要與以色列家和猶大家訂立新約，不像從前我拉著他們祖先的手，領他們出埃及的時候，與他們所立的約。因為他們沒有恆心守我的約，我也就不理他們。這是主說的。主又說，然而，那些日子以後，我與以色列家所立的約，乃是這樣：我要將我的律法放在他們心思裡，寫在他們心上；我要作他們的神，他們要作我的子民。他們不用各人教導自己的鄉鄰和自己弟兄，說：你該認識主；因為他們從最小的到至大的，都必認識我。因為我要寬恕他們的不義，不再記念他們的罪愆。既是新約，就意謂著，先前的約是舊了的，但那所有漸舊漸衰的，就必快歸無有了。（希伯來書8:6-13 NJB）

為此，祂（耶穌）作了新約的中保，既然受了死，贖了人在前約之時所犯的罪過，便叫蒙召的人，得以得著所應許永遠的產業。（希伯來書9:15 NJB）

（在舊約中）凡祭司都是天天忠心事奉神，屢次獻上一樣的祭物，這些祭物永不能除罪。但基督獻了一次永遠的贖罪祭，就在神的右邊坐下了。從此，等候著祂的仇敵成了他的腳凳。因為他一次獻祭，便叫那些得以成聖的人永遠的完全。（希伯來書10:11-14 NJB，括號中的字為後來附加）

這些罪過，既已都被赦免，就不用再為罪獻祭了。（希伯來書10:18 NJB）

這杯是用我血所立的新約，是為你們流出來的。（耶穌和祂的門徒在最後的晚餐上，路加福音22:20 NJB）

天父已賜你永恆的盟約，來領受祂給你平安的祝福：

> 願賜平安的神
> 醫治，又使得萬有完全，
> 祂因著耶穌的犧牲，留下了永遠的記號，
> 憑藉著寶血的犧牲，立定了永恆的盟約，
> 祂帶領耶穌，我們的大牧者，
> 從死裡復活，升天，
> 現在，賜你平安，
> 供應你一切所需，使你蒙祂喜悅，
> 藉著彌賽亞耶穌的犧牲，
> 使我們成為最能帶給神喜悅的人。
> 一切榮耀，歸於耶穌，直到永永遠遠！
> 喔，是的，是的，是的。
> （希伯來書13:20-21 MSG）

## 審判的職責

在這新約時代，神將審判的職責交給了祂的兒子耶穌。

> 父不審判人，乃將審判的事，全交於子，叫人都尊榮子，如同尊榮天父一樣。（約翰福音5:22-23 NJB）

耶穌來到世上，向世界宣揚恩典和憐憫，祂一人承擔了人類所犯下的罪，使我們擺脫了對審判和懲罰的恐懼，得以看自己在基督裡是無罪清白的了。

---
**唯一有權柄審判我們的那位，
就是那同一位百分之百為我們的益處著想，
且永遠支持我們的神！[12]**

---

我實實在在地告訴你們，那聽我話，又信差我來者的，就有永生；

不被定罪,而是已經出死入生了。(約翰福音5:24 NJB)

因為神差他的兒子降世,不是要定世人的罪,乃是要使世人藉著他得救。信他的人,不被定罪;但不信的人,罪已經定了,因為他不信神獨生子的名。(約翰福音3:17-18 NJB)

若有人聽見我的話不遵守,我不審判他。因為我來本不是要審判世人,乃是要拯救世人。棄絕我,不接受我話的人,自有審判他的:我說過的話,在末日那天將成為他的審判。(約翰福音12:47-48 NJB)

由於天父的判決是最後的定奪,而祂已經做出有利於我們的判決,我們唯一無法得到天父「無罪」的判決,就是自己拒絕了它。在這種情況下,神並沒有判我們與祂永遠隔絕,而是我們判自己與神隔絕,在與神的事上選擇了不利於自己的判決。

## 極致恩典的故事

耶穌來,完美地代表了他在天上的父親。祂看見天父所做的,祂也一切照做了。耶穌被差派於世,確切地以天父設計的方式彰顯了天國。因此,耶穌是完美的神學。

新約中有關耶穌最驚人的事蹟之一,是談到當祂在迦百農講道時,醫治了一名癱子的故事。[13] 耶穌在屋子裡的消息一旦傳了出去,不久那地方就擠得水洩不通。四個人用擔架抬了一個癱瘓的朋友來。他們的朋友需要一個來自耶穌的大神蹟,但他們無法撥開擠在耶穌旁邊的人群,好來到祂身邊。所以他們就在屋頂打了一個洞,將他從洞口緩緩放下到榮耀的君王身邊。

耶穌對他們勇敢的信心印象深刻。祂對那癱子說的第一句話是:「兒子,放心吧!你的罪赦了。」[14]

也許你像我一樣,這故事已讀過許多遍了,卻不曾想過這癱瘓的人從不曾要求赦免過。說耶穌有天父的權柄,得以公開宣佈罪得赦免,這已經是件很驚人的事了。然而,人沒有向祂求赦免,祂便這麼做了,這

就讓我們的神學公式，開始短路了。神如何赦免那些還沒向祂求赦免的人呢？

請記著，耶穌是完美的神學。這意味著，耶穌正在做祂看見天父所做的。耶穌正彰顯恩典福音驚人的奧秘。祂展現出天父的心意，是何等愛著祂地上的兒女，以至於祂要用各種方式，來連繫我們的心，為了確保我們有一條路，可以直達祂的心懷……是永遠的！

羅馬書5章18節清楚的說，亞當在伊甸園的過犯，定罪了全人類。（我們沒在那裡投票！）同樣地，耶穌在十架上完全的犧牲，釋放了全人類，並使我們在神面前稱義。（我們也沒在現場表達意見。）耶穌一次付清了罪債，全人類就都被赦免了。

「荒謬！」許多基督徒會大喊。「在得赦免前，我們必須先選擇耶穌。」雖說這有幾分神學的正確性，實際的情況卻是這樣子的：

---

**神以祂的愛和完全的赦免，來尋求祂的每一個孩子。
我們要做的選擇就是──
單單來接受或拒絕祂已經為我們所成就的一切。**

---

現在，在你將我扣上異端的帽子之前，讓我向你確保，我全然相信，唯一通向天父的道路就是藉著耶穌。祂自己也說過：「若不藉著我，沒有人能到父那裡去。」[13] 除了耶穌，沒有別的犧牲，能使我們在大父面前全然稱義。不變的真理是：我們已經「身在其中」了──除非我們自己不要，不要那已經一次付清的白白恩典厚禮。

愛是有風險的，而神已冒了全部的風險。祂甘願冒一切的風險，知道祂所愛的對象──就是照著祂自己形象創造的兒女們，會來享受祂，也讓祂來享受他們──兒女們會欣然選擇祂的赦免，並切望永遠與祂同在，回應祂的愛。

你我怎可進入這已預備好的恩典？唯一的理由是──它已經給了我們。神是萬事的起頭者，主動者。祂啟示，我們回應。來自神的赦免，並不是賺取來的，也並非遙不可及。事實上，它已經完成了！只要我們來認同及領受這恩典，即可。如果赦免取決於你我及我們的祈求，那我

們的麻煩可大了！

　　現在是時候來享受祂的安息了！

---

## 默想與回應

- 有哪些方面，你需要更新對恩典新約的認識呢？你現在就活在這個約中，這不是未來才會發生的事實。
- 試想，天上有個法庭，你將被判刑，但找不到你這個人，因為耶穌代替了你。沒有絲毫不利於你的證據。你對神這樣極致的愛與恩典，有何回應呢？來公開表達你對神的感恩之情吧！
- 阿爸父是如何主動向你示愛，向你表達了祂的恩典與赦免的，致使你被吸引，來回應了祂呢？你是怎樣回應祂的愛呢？

# 第九章

# 來享受安息吧！

❦

你不用做什麼來賺取我的愛與肯定。
因為這一切，早已是你的了。
我只要你來享受我，正如我享受你一樣。
放輕鬆，這是沒有壓力的。
請來認同，來接受我對你有多麼好。

**當**我告訴你恩典是如何之奇妙，你可能會認為，這簡直好得難以置信。事實上，這都是神的作為――都是祂的選擇――不是我們。祂不曾問我們的意見。反而，祂一手全包辦了這整件事。祂以祝福亞伯拉罕的同樣方式，向我們說：

> 祝福你，而非詛咒你，這是我的選擇。恩待你，並一生一世向你展現我好得出奇的恩惠，這也是我的選擇。我將毫無保留地愛著你，因為我渴望這麼做。我定意以這種方式來成就，我也會永遠信守我的承諾。

耶穌那時的宗教人士被祂冒犯。如果祂講述有關天國的事是真的，那麼他們所有透過自身努力，為在神面前稱義的辛苦，不就白忙一場了嗎？同樣的道理，今日持守宗教觀念的人，也可能因為天父賜予了如此激進的恩典信息，被冒犯了。

然而，選擇權在於我們：是否想有份於這好得出奇的恩典之約？若是如此，那我們該做的部份是什麼呢？我們有該做的嗎？我相信是有

的。我們能做的,就是相信耶穌在十架上的犧牲,是完全足夠使我們在神面前稱義的。

> 藉著信,進入神一直切盼為我們成就的事──與祂是在好的關係裡,合祂心意的人──因著主耶穌的緣故,我們全都有了,都和好了。不僅如此,當我們向神打開心門的同時,也將發現,祂的心門早已敞開著,等候著迎接我們。我們也發現自己正站在一直希望置身的地方──在神恩典與榮耀的寬闊之地,正抬頭挺胸,揚聲讚美神。如今,因著耶穌,這終極的血祭,我們已與神和好如初,不再有任何與神牴觸的地方了。(羅馬書5:1-2 MSG)

不再與神有任何不合……這話聽起來令人耳目一新,不是嗎?或許有些人看著這段激勵人心的經文,內心還是會被類似這樣的問題糾纏著──我夠相信神嗎?我對神有足夠的信心嗎?

會有這種疑惑的原因是,他們把焦點從耶穌所成就的事,轉移到自己身上了;這就是為何我們會陷入神學上兩難局面的原因了。耶穌對這種信仰上的疑惑的回答是:「要進入神的國,你們必須像小孩一樣。」[1]

與其將祂這番話,看成是另一則叫人行善的公式,不妨停下來,想想耶穌說的是什麼意思?當一個嬰孩依偎在母親懷中,他不會質疑是否有奶喝?這樣的思維,是不會出現在他小腦袋裡的。當然,媽媽會有奶給我喝!

你的天父爸爸提供你所需要的一切,只因祂樂此不疲。信心永遠不是以努力再努力,以正確的方式或舉止來親近神,來得到你所需要的東西。信心是信靠,就像是個小孩子知道:當然,我爹地會照顧我!如果這番話聽起來有點誇張,請記住,在新約的約定中,原屬於耶穌的一切,現在也都是你的了──其中包括了祂的信心!

> 仰望為我們信心創始成終的耶穌。(希伯來書12:2 NIV)

> **得享受身為神疼愛眷顧的孩子所擁有的一切，
> 其關鍵在於，不斷地看耶穌充充足足的一面，
> 而非看自以為不足的地方。**

經常聚焦在你怎麼看自己的所作所為上，這是造成災難的原因。自我省察是個殺手，因為我們對自己往往是殘暴不仁的。何不問問聖靈，祂看見了什麼？祂將向你顯明生命中，那裡有與你在基督裡的新性情不一致的地方；祂總會以鼓勵你，及充滿希望的方式幫助你。若祂向你顯明需要用十架的真理來提升你時，祂希望你邀請祂來幫忙，因為只有祂才能做得到。

## 進入安息

亞伯拉罕樹立了一個領受並享受祝福滿滿的人生的榜樣。藉著相信主的話，他進入了天父的應許中。

> 亞伯拉罕進入了神為他成就的事中，那是個轉捩點。他信靠神能使他稱義，而不是試圖靠自己的努力。（羅馬書4:3 MSG）
>
> 當一切都沒了指望，亞伯拉罕仍滿心相信，他決定不憑眼見而活，乃是照著神所應許的而行。（羅馬書4:18 MSG）
>
> 既然律法要求我們所做不到的那些事，現在已經成就了，那我們要做的不是加倍努力，而是單單信靠在我們裡面運行的聖靈。（羅馬書8:4 MSG）
>
> 擁抱主為你所成就的一切，乃是你能為祂做的最好的事。（羅馬書12:1 MSG）

因著相信神的美善，亞伯拉罕得以進入神的安息中。然而，以色列人卻做不到。他們無法離開曠野的漂流，進入應許之地——神的安息中，是因為他們拒絕相信。今天在恩典的新約中，我們再次被邀請前來

享受神的安息——因著基督為我們成了的，祂已心滿意足了。

---

**一切都安排就緒，代價也都付清了。
邀請函也已寄出。我們只要接受這邀請，
便能享受在基督裡那最奇妙的人生。**

---

是的，阿爸，你就是這麼好！我接受你的邀請，接受耶穌為我重價贖來的生命和自由。我選擇安息在你好得出奇的美善中。

這是在聖經中的邀請：

> 結論一清二楚：最初的安息依然為祂的百姓存留。神的安息，乃在慶祝祂已成就的善工。任何進入神安息中的人，便會立刻停下自身的努力，也不去增添或補足神已完成的。（希伯來書4:9-10 TMT）

神對祂在地上的每位兒女，都有一個美好無比的安排。祂是一位在我們人生的旅途中，一路等著給我們許多驚喜，難以抑制興奮之情的好爸爸。唯一使我們可能錯失這些樂趣的原因，就是，不相信祂是一位這麼好的爸爸。

> 所以我們明白他們之所以不得進入，並擁有神的安息，是因為他們不信。我們信的人得以進入並擁有神的安息。（希伯來書3:19; 4:3 NCV）

正如曠野中的以色列人一樣，有太多的信徒一直在原地打轉，等候著那已經是屬於他們的應許。神對你說：「我已經設定了每一天，都是今天，每一天，都是我的應許。」[2]

> 神看見，總有那麼一天，
> 會有一整個世代，終能接受祂是如此好得無比。
> 我相信，我們就是這個世代。

我也相信正踏入的復興，比我們所能理解的要更深。復興，是神將新的生命氣息，吹進祂的百姓——使耶穌成為我們真正的初戀情人——如此一來，當靈魂被收割進入國度時，他們就被接枝，又連結，成為一位因著有了耶穌，熱情喜樂的新娘，而非得過且過的怨婦。

已有超過十年的時間，我活在阿爸父好得無比的大愛中，與日俱增。越多地聚焦在祂的良善，我就越多看見祂的良善開展在我生命中。我刻骨銘心地知道，每一天，每一分，每一秒，阿爸都瘋狂地愛著我，只因我是祂的心肝寶貝。這跟我為祂做了什麼，或沒做什麼，一點關係都沒有。這就是自由！

如果騙自己去相信一個好聽的謊言，好讓自己覺得舒服點，這樣的紙牌屋，老早就垮下來了。不，這是千真萬確的事實。我是個極其快樂的在地旅居者，蒙受了無比的祝福與恩典。我已經活在主應許給祂兒女豐富滿足的生命中，我絕不會再退回去一個次等的生命了。

進入天父浩大溫暖之愛的奇妙與讚嘆中，這份邀請，是給世上每個人的。祂邀請我們踏上的旅程，得用永恆那麼長的時間才能夠明白得了；但這沒問題，因為祂已賜給我們永恆的生命，來發現祂真正有多好！這豐盛滿足的生命，是伸手可及的。當耶穌在地上時，祂說：「天國近了！」[3] 如今，我們已在恩典的新約裡。更美妙的是，現在天國就在我們的裡面！[4]

## 令人困惑的混淆

多數人在信靠耶穌的救贖時，沒人想著，有一天要落入一個以做事為基礎的自救行動中。起初，是一種交換的情況——基督的完美，取代了我們舊有痛苦混亂的生命，這生命的交換，簡直來得讓人欣喜若狂。隨之而來，我們煥然一新，感受到了這改變！

但對多數人來說，一種屢見不鮮的狀況，出現了。慢慢地，隨著時間久了，福音的單純，變得有些複雜了。一開始令人興奮的自由賀禮，不知何時，變成了一長串，越來越難以奉行的行為準則。我們無情地開始論斷自己，因沒能循規蹈矩，也想要痛毆自己一頓。對自我的感覺，越來越糟，還可能相信，神也是這麼看我們的。

　　更糟的是，我們還可能打定了主意，若自己必須活在這樣的痛苦中，那就讓別人也跟我們一樣痛苦。於是我們開始論斷他人，有時毫不留情面，自認是為了世人好，義不容辭的職責。在人生某個階段，那脫離罪惡綑綁的喜悅，以及歸屬耶穌的甘甜，漸漸轉變成一種勞苦，一種變像的綑綁——力求表現。不久，我們開始產生一種心態，聽起來就像是這樣的：

　　如果……神就會更愛我……，當我……神就會更喜悅我……

　　我們是怎麼走到這個地步的呢？這不是我們原本想要的。這當然也不是耶穌犧牲的原因。也難怪，有這麼多人會選擇脫離所謂的宗教機構了。

　　孩童很早就學會了，遊戲如果贏不了，那就別玩了。試圖徹底地循規蹈矩，來正確地連結於神，這是一個贏不了的遊戲。唯一能贏的方法就是選擇不玩了。

　　別誤會了；教會現今依然是朝氣蓬勃的。當神看待祂的教會時，祂所注視的不是一個組織，而是一群屬祂的人。

---

**真正的教會是指一群人，在他們的內心深處是相信神的。**

---

信神的人知道，祂是一位深愛著祂兒女的快樂父親。

　　耶穌拯救使徒保羅脫離了一個力求表現的極端宗教生命。一旦保羅經歷到基督為他所做的一切，得以安息於天父關係中的自由時，對於那些落入宗教陷阱中，以求表現為動機的信徒，他實在是忍無可忍了。他給在加拉太那些試圖把人銬上律法的枷鎖，以舊宗教體制欺瞞人的領袖們——也就是藉著恪守律法規條，藉此討神喜悅的朋友們；保羅一針見血地寫了這篇中肯的信息：

你們這些瘋了的加拉太人！難不成是有人迷惑了你們的心竅？你們都糊塗了嗎？真是怪了，顯然你們生活的重心已不再是釘十架的耶穌了。耶穌在十架上的犧牲，絕對仍然歷歷在目呀！

讓我問你們這個問題：你們的新生命是怎麼開始的？是累得半死，才討得神的喜悅嗎？還是藉著回應了神給你的福音呢？你們打算要這樣瘋狂下去嗎？因為只有瘋子才會以為有辦法靠自己的努力，可以完成神已開始的工作。如果明知自己沒那麼聰明，也沒那麼強大可以去開始，那你又怎麼會自認有能力來完成它呢？
（加拉太書3:1-3 MSG）

保羅在大喊：「別瘋了！」這樣的話，竟然是出自一位曾經循規蹈矩，模範中的模範口中！保羅知道，拯救並帶領我們安然返家的善工，自始至終都是神做的。因著某些原因，我們似乎被這種觀念給冒犯了，竟不知不覺落入了「做事」的模式中。於是，就告訴自己說：得救哪有那麼容易！

耶穌那個時代的人，也有同樣的掙扎。他們也曾滿心焦慮，帶著疑惑來問祂：「該怎麼做才能達到神的標準呢？」你知道耶穌是怎麼直截了當地回答嗎？

「神的工是這樣：信神所差來的那位。」[5] 這就是答案！若果真，為了獲得神的認可，就必須做那麼一長串的事；那麼此時，不該是耶穌提出來的最佳時機嗎？

## 不再力求表現

因為不完全明白恩典的新約，以至於，我們經常試圖為了神，作好人，做好事，把自己累個半死，還相信這才是基督徒生活的本意。

耶穌，祂向世人顯明了天父的真性情，並向這疲憊不堪的世界，說了這番話：

你累了嗎？疲憊了嗎？被宗教搞得筋疲力盡了嗎？到我這裡來。

來跟我一起休息，我會恢復你的生命。我會指引你進入真實的安息。來與我同行，來與我同工——看看我是怎麼做成的。學習這「不用力，恩典的韻律」。我不會強加給你任何重擔或框架。來作我的好朋友，來與我作伴，你就會學到如何過一個自由輕省的生活。（馬太福音11:28-30 MSG）

記得第一次讀到這清新的版本時，我彷彿是以一種前所未聞的方式，發現了耶穌的心。我心想，這是真的嗎？耶穌這裡說，我可以自由輕省地生活，是真的嗎？這怎麼可能呢？

多年來，在自我的狂熱裡，一種迫切要當好兒子的努力中，無意間，我放棄了自己是被接納，被疼惜的兒子地位，竟換來了一個舞台表演者的角色，總是覺得就差那麼一場完美的演出，就行了。就像每個人一樣，我的表現有時好，有時差強人意。我無法把每一天都當作一份禮物好好享受——神給自己所選的朋友的每一天，都是新的——為了不辜負我自以為神對我的期望，我反而每天活在壓力下，那實在是令人精疲力盡呀！

我的天父在祂的恩慈中對我說，我兒，你太過努力了。來傾聽耶穌賜生命，近人情的話語，而非定罪的控告。再次看這段經文時，我窺見了耶穌的心意，並聽到這番話：

如果你一直希望自己能更好，卻被這套舊有的系統，搞得筋疲力盡的話；何不來我這裡安息呢？拋開那一切告訴你要如何自力更生的自救計劃。這一套是永遠行不通的。請來學習我是如何選擇與我父，過著一個活在愛中的生活；要知道，一切都是從這愛的關係中流露出來的，來學習我是如何全然倚靠聖靈而活的。如今，我又賜下了聖靈住在你的裡面，祂會教導你活出你該有的生命——一個自由輕省的生活。

本來就該這樣！當我們說，一定有我該做的事吧？！神呀，我要更為祢努力；這時，我們的驕傲就起來擋路了。

你知道祂的回答是什麼嗎？「我興趣缺缺。」事實上，如果你堅持試著要透過表現來賺得神的愛與接納，神保證你這一套是行不通的，你自己還會累得半死。（也許需要數年，甚至數十年，你才會筋疲力盡。）你知道為什麼嗎？那是因為，祂不會因你試圖做得好，來賺取祂的肯定，而獎賞你；要不然，祂就等於是鼓勵你繼續做下去了！

請別為此生氣，你只需回到神為你彰顯的美善中，讓祂挪去你想凡事靠自己的那份頑固堅持。這種堅持可能來自於完美主義的傾向（如果我要做好一件事，我就得自己來），或是來自一種孤立無援的孤兒的靈（因為沒有人照顧我，所以我得自己照顧自己）。祂非常樂意將這兩種心態都拿掉，並以神後嗣的靈來取代。這靈說：**阿爸會一直照顧我。**

若你習慣向神或自己，許下自己要改變，才能重新做人的諾言。讓我邀請你，將這些諾言，丟到心裡的垃圾桶，讓主幫你妥善處理掉它吧！

---

**在人生的每一天，你能做的最好決定，**
**就是選擇相信神口中所說——**
**祂自己是怎樣的一位神，以及你是怎樣的一個人。**

---

相信並認同祂正在更新你，如同祂所應許的一般。

要相信祂正調動萬有，為成就你的益處，因為這就是你天父活著，要為你做的事情。就像亞伯拉罕一樣，你只要相信，並接受祂對你浩大恩澤的心懷，你就能享受這位好得出奇的天父，所給你的滿滿祝福人生。

> 正當世界的靈（價值觀），沉迷在表現，以及其該得的獎賞時，神的靈，卻揭開了祂慷慨的奧秘；這是無法賺取的，只能當成是份禮物接受。（哥林多前書2:12 TMT）

保羅前半生的時間，以為討神喜悅的方式，是努力遵行嚴格的律法誡命。然而，在基督成了的善工中，他找到了真正的自由之後，寫道：

若我還「試圖做好人好事」，我就是把拆掉的穀倉再建造了起來。那我是在招搖撞騙。其實是這樣的：我試過奉行律法，累個半死來取悅神，卻行不通。因此，我不再當一名「律法之人」，這樣，我才能夠成為一個屬神的人。基督的生命已向我顯明該怎麼成為，又幫助我能夠成為。我完全與祂認同。事實上，也的確是如此，我已經和基督同釘十架了。自我，已不再是中心了。至於，我在你面前表現得是否像個好人，或是能否得到你的好評，這都不再重要了，我也不再鞭策自己去取悅神了。因為，基督已活在我裡面。你現在看到的我——這個活著的生命，不再是「我的」了，而是活在神子耶穌的信心裡的人；祂不但愛我，還把祂自己給了我。我不會再走回頭路了。

走回格守律法，專注取悅人的那條宗教老路，就等於是棄絕了一切與神的個人關係和自由；這一點，難道不是再清楚不過了嗎？我拒絕這麼做，我拒絕揚棄神的恩典。如果遵守戒律，就能帶來與神又真又活的關係，那麼，基督不是白死了嗎？！（加拉太書 2:18-21 MSG）

試著藉由活得正，來取悅神的這個問題，是很容易回答的——你做不到！這一套永遠也行不通。不如，讓阿爸父邀請你坐在祂大腿上，讓祂跟你說：

我的寶貝孩子呀！我注意到你現在有多麼疲倦，多麼煩躁。你需要休息一下！休息一下的意思是，請你放下一切的努力。我允許你離開這力求表現的跑步機。這不但讓你筋疲力盡，還使你原地踏步。讓我來告訴你一個振奮的秘密：沒有該為我跳進去的圈圈或框框。完全沒有壓力了。因為，我無法讓你拼命去獲取你已經擁有的東西。我愛你，我也接納你。來注視我的眼睛，請選擇相信我。

這個時候，你或許想要到主那裡大哭一場，特別是這麼多年來，你

若是一直竭盡所能想取悅祂,卻總覺得自己做得不夠好的話。在天父的懷抱中,你大可好好地大哭一場。當倚偎在祂的溫柔裡時,祂要向你說一件事:

> 我沒有對你感到失望。在你一生中,我未曾有過一天,對你感到失望過。人之所以會感到失望,是因著自己對別人有特定的期待,卻落空了。我並非如此。因為,關乎你的一切,我早已知道,我對你不會有不切實際的期望。我知道你無法救拔自己,因此需要一位救主。那麼,好!就這麼辦吧!我對你可是大感驕傲的喔!

## 內在轉化

若你還是覺得自己是個不配得愛的孩子,讓我的好友羅莉‧麥克納米 (Lorie McNamee) 的故事來鼓勵你,來看看她是如何從力求表現,轉化進入與天父的親密關係吧!

> 我從小在教會長大。我從無一時半刻不信神。不論在主日學還是在家中,我被教導要明辨是非,我在做,神在看。我想像神高高在天上某處俯視著我,看著我的言行舉止,但不是以愛的方式。我想像祂是聖誕老公公,「列出一張表,檢查過兩遍」,看看我「是頑皮還是乖巧」。這種觀念一路跟我到成年。就像聖經中的大衛一樣,我知道我的過犯罪愆,常在我眼前。我覺得自己一無是處。我確定,父神不會認可我,因為我完全不配得愛,至於,耶穌願為我這樣的人犧牲,似乎就顯得更不可思議了。
>
> 當我結婚時,我先生查德 (Chad) 必須不斷地強化他對我的愛。我在他面前總覺得沒有價值。平心而論,他很有耐心,總是不厭其煩地提醒我他愛我。他鼓勵我,也相信我。查德與神的關係,跟我與神的關係,大不相同。他與神是朋友的關係,他總是提到時時與祂之間的種種對話。我聽得入迷,並渴望也能與神建立相同的友誼。

有一天我正在開車，我大聲地說：「耶穌，你想跟我說什麼話嗎？！」立刻在我心靈深處感到祂說：「我愛你。我愛你。我愛你。我愛你。我愛你。我愛你。我愛你。我愛你……」就像是海潮淹沒了我。我啜泣起來。一開始，我並沒期待真的會「聽見」什麼；因此，我有點措手不及。之後，我更沒料到神會這麼說。我本以為如果神要跟我說什麼，祂肯定會指出我種種的缺失，說我沒達到祂的標準。

接著有四年的時間，是我人生中非常困難的一段時期，我與一步步慢慢摧毀我身軀的多發性硬化症搏鬥著。我變得越來越虛弱，最後有幾個月的時間我必須臥病在床。卻在這個時候，前所未有地，我感受到神大愛的同在！有人送我們一張 DVD，是一位父親自己寫給女兒的歌，是關於天父對祂兒女的愛。有五個星期的時間，我反覆播放著這首歌。每次我放這首歌時，查德就會對我微微一笑。我覺得自己就像個坐在父親大腿上的小孩。我覺得被愛，且感到寧靜祥和。

接著，我的多發性硬化症，竟然奇蹟似地完全得治癒了。[6] 在這之後，我加入了熾火教會，並開始上他們超自然學院的國度訓練課程。每星期我都聽到他們講的核心價值，其重點總是放在天父的愛上。我聽到一名教師，唐娜・傅勒 (Donna Fuller) 分享了她與我類似的童年成長經驗，以及她是如何以一種不同的方式來重新認識天父。我記得她丈夫阿特 (Art) 分享說，他須要領受好幾年有關神的愛的訊息，才能讓它深植心中。我記得布蘭特牧師說，神不可能對我們感到失望，因為神要感到失望的前提是，神必須有些期望，是我們未能達到的，然而這根本不可能，因為有關於我們的一切，神早已知悉。

我重覆播放上課的錄音帶，並閱讀布蘭特每週鼓勵我的電子郵件，他鼓勵我來相信，我的天父阿爸愛著我。我以一種新的方式來讀聖經。我看待事情也開始有不同的啟示亮光。我默想著詩篇，大衛是如何在神的愛中狂歡，甚至是盡情的翻滾。

接著有一天，我發覺我不再一樣了。我無法指出發生了哪一件戲劇性的事件，只知道，我的心態漸漸改變了。我不再覺得自己不被愛，不配得愛了。我已不再懷疑神的愛了。隨之而來的是自由，與對人有嶄新的愛。現在當我為人禱告時，我不是在絕望之下禱告，而是在確信神是愛他們的，來禱告。我必須先領受到神對我的愛，我才能讓祂的愛，得以透過我，溢流出去。

如今，我可以真心地說：詩篇34:4-5節：「我曾尋求耶和華，他就應允我，救我脫離一切的恐懼。凡仰望他的，便有光榮；他們的臉，必不蒙羞。」

羅莉的見證是個典型的內在轉化的故事，在過程中，她先選擇了相信真理，然後才完全感受到真理對她的真實。接著在她生命中的某一刻，她知道自己不一樣了，看待事情有一種全新的亮光了。耶穌把天國比喻作一顆種子，長成大樹；或是一點酵，便能使整團麵糰，漸漸發起來（路加福音13:18-21）。換句話說，改變是一直持續著的，不是都能準確地指出這改變的時間與地點。有一天，你會看著自己的生命說：「啊！我什麼時候變成了一棵大樹！」你的天父說，祂在你裡面開始的，祂必會完成――祂是說真的。

## 別再痛毆自己

你得做個決定了。如果嚴以律己，不能使你得著一直想要的生命，那麼，何不選擇另一條道路呢？！來選擇安息吧！

當衝突的思想流經你的心思時，相信真理並選擇停留在安息中，其實是具有挑戰的。當這樣的事發生時，我們通常會因為浮現這樣嚇人的念頭，很想痛毆自己一頓。但神一點也不會被嚇到，祂能應付得來。

其實，想揍自己一頓的問題，即強化了仇敵的謊言。撒旦主要的工作之一，就是控告信徒。[7] 當我們對自己說出，或是想些可怕的事，一些難聽的喃喃自語時，我們實際上是認同了既是欺騙者，又是說謊家的仇敵。我們為什麼要和那本意是要拆毀我們，或消滅我們的那些負面思想，同聲一氣呢？痛毆自己一頓，一點也幫不上忙，也不能拉近你和那

位永不離開你的神的距離。

　　仇敵爭奪你的喜樂的戰爭，是在你的心思裡。你的靈，是已經知道自己是什麼身份的了；因此，思想成了唯一的戰場。由於仇敵在十架上已被基督徹底擊敗了，[8] 它唯一能攻擊你心思的方式，就是用欺騙的伎倆。換句話說，如果它可以使你相信謊言，就算它不是真的，你看它就像是真的一樣。因此，重要的是，我們要拒絕讓步，或是強化這些虛假的念頭。

> 因為我們雖然是血氣中人，卻不憑著血氣爭戰。我們爭戰的兵器，本不是屬血氣的，乃是在神裡面有能力，可以攻破堅固的營壘，將各樣的念頭，及各樣攔阻人認識神的那些自高之事都一概攻破了，又將人所有的心思奪回，使他都順服基督。（哥林多後書10:3-5 NJB）

　　下次當你腦海出現那些不符合天父所說，有關你的事實時，請祂來光照你的這些思想，並以祂是怎麼看待你的，來替代。我鼓勵你將祂對你的心意寫下來。

---
**當你和天父坐在一起時，不妨大聲問祂：
「你是怎麼看待我的呢？」**
---

然後，逗留一會，聆聽一下。寫下內心裡感受到提振你心的話語。當你學著珍惜祂傳給你源源不絕的愛與感情時，祂的看法，就能勝過那些無法反映出真實的你的負面話語。

　　如果你還在學習如何聆聽祂的聲音，且讓我給你一個例子。你腦袋中的謊言也許聽起來像這樣：我是失敗者。我好笨。我永遠不會有出息。而天父真實的聲音聽起來則是像這樣：

> 我的兒女，你不是個失敗者——你永遠是我的愛人，是生命的得勝者。你從來也不笨。就算你有時候忘了自己是誰，我也會不斷

提醒你皇族的尊貴身份，對我而言，你是完美的。我已將我的心給了你，好讓你感受到我的感覺；我已將我的心思給了你，使你以我的思維來思考。至於說到，你沒出息的這一點嘛？別開玩笑了！在我所創造的大千萬象中，你是最美麗的。我已將我自己復活的靈放在你裡面，確保了你的勝利和成功！

耶穌說我們將認識真理，這真理將使我們得自由！[9] 神已賜給我們聖靈作為厚禮——祂亦師亦友，祂也經常提醒著我們，這個使我們更新的真理。[10] 我鼓勵你，常常向祂求助。祂樂於幫助你！

聖靈，我邀請祢來更新我。改變我的思維。改變我看待人生的態度。幫助我看見我阿爸的真貌。幫助我以我天父的眼光來看自己，好使我在照鏡子時，能看見祂所看見的我，並說：「哇！」天父，我相信祢對我的愛是真實不變的，我也願意接受你的愛。我要以祢的愛來愛人。請祢使用我，藉著祢厚賜給我的一切，也豐沛地流向他人。

聖靈會教導你如何持續地認同－你一直是蒙神悅納的人。而且，不光是在你自覺如此的時候。你在祂裡面是穩妥的。如孩子般地來相信這一點，它就成為你的安息了。今天你可以坐在椅子上，什麼事也不做，神仍然會無以復加地滿心喜悅你——欣然地稱你為祂的兒女。

祂有要你做的事嗎？當然！然而，直到你領悟到，無論你做什麼，或是不做什麼，祂都一樣深深地喜悅你；在這之前，你仍會用自己的努力來賺取祂的接納。因此，只有藉著安息在基督已為你成了的救贖中，以及特別是，明白你已在天父面前全然蒙了祂的喜悅；能領悟這兩件事，你的生命就會開始輕鬆地開花結果，也能以祂的愛來更新他人的生命。

信心稱義的落實，意味著與神擁有無盡的友誼。（羅馬書5:1 TMT）

## 神並不把你和任何人相比

安息的一個重要涵義是，拒絕拿自己和別人比較的誘惑。這麼做只會讓你覺得自己「不如人」。其實，你本來就不該像別人，那又為何要讓別人成為你的標準呢？

> 神不願你成為別人的翻版。你是一幅原創傑作，
> 令祂看得目不轉睛，傾心不已。

幾年前，史帝夫・舒爾茲 (Steve Shultz) 的真言，幫助我從不必要的比較中解脫。這是他激勵人心的一篇文章，標題是〈神打分數根據的是十字架，不是以曲線圖分類〉：

> 曾根據曲線圖被分類打分數嗎？是老師改變了規則，他／她不是將「A」打給那些答對90%以上的人；而是根據曲線圖分類來打分數，也就是說，他是以班上第一名學生的成績評分，而非以總分來打分數的。
>
> 神不是以表現最好的信徒為標準。我很慶幸，神不是這樣給我們打分數的。你瞧，我們很容易拿自己跟別人比較。我們最不需要的，就是主拿我們跟「最好的學生——最好的門徒」或次好的門徒，或任何門徒相比，來打分數。
>
> 事實上，神唯一的標準是完全——完全的**十字架**。在基督裡，我們都是根據十字架被評分的！耶穌拿了 A+，又多加了一百兆分——這足以讓過去，現在，未來所有選擇和耶穌一起生活，一起畢業的男女老少都拿到了 A+。**十字架**一次就已付清了——付清了我們所有的罪債，所有的缺失，所有的錯誤，所有的偏見，所有的論斷。
>
> 今天不論，我是否諸事不順，還是表現得像個壞基督徒，這些，**十字架**都已經付清了。明白這一點是很必要的，原因是：一旦我努力修復了生活裡每一層的關係，認了我每一條已知的罪狀，又

確定我行在聖潔裡——就當一切都處理好之後，明天我又得重新認罪，並修復一大堆事情。是因著十字架（因你接受了基督和祂的死），神給你打了**滿分**。既然都已經拿到滿分了，那你還擔心什麼呢？如果**單單因著十字架**，你在天上拿了 A+，而復活的生命，如今正湧流在你裡面——**豈不是會有更多**——將**透過祂**，使你的生命被照顧，被滿足，被供應，被鼓勵，被恢復，並且永遠得救！

謝謝你，耶穌，祢完成了**這一切**！[11]

## 當一無掛慮

應當一無掛慮，只要凡事藉著禱告，祈求和感謝，將你們所要的告訴神。神所賜出人意外的平安，必在基督耶穌裡，保守你們的心懷意念。（腓立比書4:6-7 NIV）

隨著負面的訊息，如同砲彈一般，從四面八方射向你，你眼前有一個分分秒秒要做的抉擇：「我該相信誰說的呢？」

神是這樣說的：「我已選擇你作為我蒙福，寵愛有加的孩子，又要使你能成為黑暗中的一道光芒。萬事總在互相效力，為要使你得著益處。」然而，世界的說詞，其背後的根源是恐懼，以及仇敵的威嚇；這實在令人十分沮喪。

當世界說：「急躁吧！焦慮吧！」

神要對你說：「平安。安寧。」

當世界說：「擔心到徹夜不眠吧！全都完了！」

神要對你說：「我支持你。全在我的掌管中。全都在我的計劃中進行。」

祂向你確保一種超乎人所能理解的平安。這意味著，你得放棄凡事都要自己想辦法，凡事要靠自己。神的平安繞過你的邏輯，直接從祂的靈，傳到你的靈裡。所以即便是你的頭腦還沒能找出解決之道，你的靈已在安息中了。接著來傾聽你裡面基督之靈的心聲，並讓祂恢復你情緒

及思想裡的平安，讓你的心思回歸到安息。

來深呼吸一口，提醒自己，一切都安好。（來做吧，現在就做！）我有一位神，祂是好牧者，祂應允要無微不至地照顧我。我屬我的良人，祂也屬我。萬事互相效力，為使我得著益處。啊啊啊啊啊啊啊啊……我什麼都不用擔心了！

耶穌對你說：

> 我留下平安給你們，我將我的平安賜給你們。我所賜的，不像世人所賜的；你們心裡不要憂愁，也不要膽怯。（約翰福音14:27 NIV）

有一道河流從神的心懷川流不息地流進你心。它以宏偉壯麗國度中所有的公義，平安和喜樂來滋潤你，使你從新得力。[12] 你何不現在就暫停一下，就來享受這道流經你全身上下，源源不絕的天堂之河呢？你們有些人會真實感受到它的，有些人則需要被鼓勵一下，就會知道，它就在那裡。

## 展翅高飛

> 就是少年人也要疲乏困倦，強壯的也會全然跌倒；但那等候主的，必從新得力。他們必如鷹展翅上騰，他們奔跑卻不困倦，行走卻不疲乏。（以賽亞書40:30-31 NASB）

等候這個字，實際上意味著與主交織纏繞在一起。等候並非「閒閒沒事，做等著神出現」。祂已經在這裡了！當我們的心與祂的心，交織在一起時，我們便能從新得力，因為當我們與祂的深情相通時，我們便知道一切都沒事了，祂會照顧我們的。

> 當我們的靈與祂的靈,交織成了一氣,
> 從祂的靈,來的風,輕而易舉地將我們上提高升,
> 我們便能如鷹,展翅上騰。

我們御風而上,飛越了憂鬱,沮喪與焦慮的低矮烏雲,這裡的天空永遠晴朗,陽光永遠燦爛。

在我靜默等候神的時光裡,我會選擇將我的思慮,交託給這早有解決之道的主。最近,我經歷了一個振奮人心的異象。我看見這段奇妙之旅裡面的畫面,是如此的生動鮮明:

> 我如鷹,展開著雙翅,扶搖直上。聖靈的風,在我翅膀下輕而易舉地將我抬起,越抬越高。晴空萬里,清高氣爽。在這裡沒有憂慮,沒有掠食者。我感受到風吹的方向。我只消稍微調整我的雙翼,就能御風而行,越飛越高。

> 我繞著一座山翱翔,那裡我看見一位牧人站在高山上,牧養著羊群。祂看著我,微笑著。祂一手對我豎起大拇指,另一手依然握著祂的杖。當我持續扶搖直上時,祂的微笑就成了更爽朗的笑聲。祂肯定我,因著我正在享受的自由,祂十分享受著我。

> 我繼續往前飛,不久,我就飛在一片晶瑩剔透的藍海上。無論我飛到哪,或飛多遠,都了無侷限。我一點也不疲憊,沒有勞苦與疲乏,只有歡欣與平安之情,沐浴在陽光下的浪頭,在我底下飛奔而去。

> 主問我:「接下來你想去哪裡?」

> 我立刻回答:「我要去你那裡。不論我走到哪,我的目的地都是你!」

> 突然間,我便朝向我的救主飛去,祂伸出纏裹著皮革的雙臂等著我的降落。我毫不費力地俯衝而下,降落在祂的手臂上,爪子抓著皮革。耶穌在一座島上,但不是一座四面環海的島嶼。它卻是在半空中的,四圍籠罩一圈白中帶黃的光輝,在他身後不遠處有

一座祂的城堡。耶穌摸著我的頭對我說：「你做得很好！好不好玩呀？當你需要我的肯定時，你隨時想來，就來這兒和我在一起。我不只是要抱著你摸摸你的頭。我也是那位你在山坡上遇見的牧人，不論你到哪裡，我都在你裡面。」

我選擇暫時棲息在耶穌的膀臂上。祂很滿意我的選擇。祂說：「那好吧，我給你看個東西。」他轉身和棲息在祂膀臂上的我，一起走向祂的城堡。

就在我們快到時，我看見祂的城堡四周都是侍從，其中有動物，天使以及生在我們之前的聖徒，全都極其喜樂地聚在一起。現在他們都專注地看著耶穌走過來。不知耶穌如何做到的，祂對每個人都投以肯定的目光，並與每人都四目交接，這讓他們的臉更加容光煥發，因為明白自己對祂很重要，是被祂重視，尊榮和慶賀的。

我們繞著祂豪宅的外圍走著，祂讓我知道下次可以進去看看。接著祂帶我來到後花園，看一棵小樹。不知為何我立刻明白，我就是那棵樹，也是那棲息在祂膀臂上的老鷹。祂讓我知道，祂是何等無微不至，細心地呵護著這棵樹。祂讓我看，在祂拇指與食指間，滑過的每片樹葉的細紋。祂讓我看，這棵樹上結出的各樣果實，又讓我聞了每粒果實奇妙的芬芳。

祂說：「我愛這棵樹！它是我園中的最愛。」我知道這是真的，祂是說真的。接著祂退後一步，手臂一揮，在身邊畫了一個大大的弧說：「這些也是我的最愛。」放眼望去，可以看見數億棵樹木，森然羅列。每棵樹都得到相同的愛護與悉心的照顧。沒有一棵樹是被忽視的。沒有一棵樹是染病或枯朽的，因為耶穌只看見天父在愛中的塑造。

耶穌回頭看著我說：

> 「請別懷疑我對你的愛！在我的土地上，
> 將滿了完全成熟的樹木，結出各式各樣的珍貴異果，
> 我將親自用我的愛栽培每一棵樹。
> 沒有一棵會被丟棄。沒有一棵會長不大。」

我直視著祂的雙眼，便知道祂是說真的。

接著耶穌說：「現在來看，這才是我看到的真實樣子。」剎時間，每棵樹變得又高又大，比例完美，色彩奪目，香氣撲鼻——每棵樹型態各自不同，繪製出一幅令人摒息的美景！

耶穌開懷大笑地說：「這些就是我的公義橡樹！每棵樹都展現著我的榮美。他們很美，不是嗎？他們都是完美的，他們也都屬於我！」

與主經歷的這個異象，就在此結束了。但是我知道，我隨時想回去，都可以。一如往常，主提醒我，在哪一處經文可以支持祂給我的經歷。我立刻想起這節經文：

> 祂賜華美的冠冕代替悲哀，讚美衣代替憂傷。使他們稱為公義的橡樹，是耶和華所栽的，以使他得榮耀。（以賽亞書61:3 CEB）

我們越是選擇與主相交，心心相印，我們越能經歷到祂的美善。請注意，祂和祂每個孩子互動的方式各自不同。不要因聽了別人的經歷，就只想跟他有一樣的經歷。與你分享我遇見神的經歷，是想增加你心中的期待，期待你跟天父的關係中，也會發生一些美妙的事。祂跟你互動的方式，與祂創造你的個性和興趣，息息相關，密不可分。

雖然，你無法製造與神同在的經驗；然而，你若願遠離擾嚷塵囂，花時間來意識到祂的同在，越與祂談話，你與神相遇的經驗，就會越加的真實。

經文寫道：「有關神為救贖人類所預備的浩大工程，乃是人眼未

曾見過，人耳未曾聽過的事，人心未曾想到的；這奧秘，祂卻向那些與祂意念相契合的人，揭示出來。」（哥林多前書2:9 TMT）

領悟到你與神在相交，相信祂對你懷的心意，會讓你的意念更多集中在祂身上，少一些在自己身上或是你所作的事上。在這與神同行的旅途上，如果認為自己應該處在某種程度了，我們可能就會自責。事實是，當我們接受了在基督裡的全新生命時，我們都會處於理解並活出的急起直追過程中。

---

**你有多相信自己在基督裡的身份，
就多能活出與你身份相符合的生命。**

---

在此光中，我聽到神對你們每個人說：

> 在這旅途上你就放輕鬆，好好享受我吧！也好好享受你自己吧！我的孩子，開懷大笑是好的。我知道你的人生並非總是一帆風順，事事如意，但我可以向你確保，我要帶你去的是個好地方。在我們同行時別對自己太嚴苛。我經常在改變你，塑造你，使你看起來像我兒子耶穌，而且我知道如何在你生活中成就這事。我已賜給你一顆肉心，[13] 一顆敏銳於我的觸動和我的聲音，又有能回應我的心。是的，你**的確**聽得到我的聲音，[14] 我正在愛中引導你，回應我在你裡面的靈，是你的生命線。我想提醒你，仇敵無所不用其極地想讓你慢下來，但我會用它來加速你的成長。我，值得信賴。我，是信實的。我所做的一切盡皆美善。我要讓你信得過我愛子耶穌在十架上的死，這已重重擊在你舊有的罪性上，一擊致命，是百分之百徹底有效的。舊有的生活方式，再也沒有權勢能轄制你。[15] 如今請單單為討我喜悅而活。你是我的。我不願將你分享給別的。我正使你打從心裡厭惡任何引誘你遠離我的事物。我在你裡面放了一個渴望與我同在的胃口。你將持續不斷地吃我的生命樹，並持續不斷地飲我生命河的活水。我計劃，未來的一

年是你大獲全勝的一年。年底回顧時，你將讚嘆我所做的一切。你是堅強勇敢的！[16]

你的天父非常喜悅你認同祂，請大聲將這些真理說出來，不論幾遍，直到你相信祂是真心真意的。

> 我奇妙的天父，我相信你一直都是美善的！你向我彰顯的每個面貌，都是好的，美善的。我接受你的邀請，行在這不用力的恩典韻律中，並與你自在從容地生活在一起。我選擇放下一切的努力，走入祢裡面真正的安息。我不需要再做任何事，來賺取你對我的愛。因為，我是你的！我是你的寶貝孩子。你愛我。你愛慕我，你永不離開我。我一生一世要來享受你。當我們同行越來越久時，我將會越來越享受與你的親密關係。我接受你對我一切的升級。帶我進入你心懷深處，讓我迷失在你的愛中，再也不願出來！

## 默想與回應

- 「不再與神有抵觸的地方了！」若是相信了這點，它將如何改變你與阿爸父的關係呢？（特別是在你覺得自己一無是處，一敗塗地的時候。）
- 在生活中的哪個方面，你需要領受神會帶你進入安息的應許呢？
- 你已經活在恩典福音的單純中？還是仍竭盡所能，遵行律法，以取得與神的關係呢？如果是後者，請問一問自己，是否累了，是否不想再玩這個遊戲了呢？若是累了，請主將你所有的壓力拿走吧！
- 請寫下神給你的感動。你可以安靜下來，問祂：「阿爸父，你是怎麼看我的呢？」然後，寫下你領受到的感動。
- 知道你不需再與別人比較了；也知道神因著基督的緣故，祂看你已是完美的。對此，你有什麼感受？
- 還有哪裡是你需要更多地相信，自己是蒙神看顧的人，好讓你可

以放棄凡事得靠自己呢？
- 試想，若你一直都活在「不用力的恩典韻律」中，你的生活會是什麼樣子的呢？

# 第三部

## 住在天父的恩寵與祝福中，活出愛！

孩子，你可知我有多愛你？

# 第十章

# 認識你的偉大，並行在其中

❦

我的孩子，你偉大無比！
我越向你顯現，你就越像我，
因為你所仰望的，就成了你所是的，且榮上加榮！
你注定是來改變世界的人，
藉著一次愛一顆心，
無論你走到何處，都將釋放出我的國度。

**很**久很久以前，有一位極其良善和藹的國王，他有個非常疼愛的兒子。國王心中有個地方，是給祂國度裡所有的孩子住的，於是他將他們全部收養了。（國王是可以遂其所願的！）問題是多數小孩都被錯誤地教導，以為國王是個愛發怒的人，他總是看不順眼，任何時候他們犯錯，他便嚴加懲罰，絕不寬貸。因此，國王每天都出新奇招，來向他的兒女們彰顯他的大愛。

他總是有時間陪伴每一個小孩，以千百種方式，讓每一個孩子都覺得自己非常特別。一天又一天，有越來越多的孩子相信了國王的真性情，知道了祂是這樣全心珍愛，疼惜，並亨受著每一個孩子的一位父親。夜晚時，他會抱著所有的孩子，打開他那本充滿奧秘與夢想的奇書，讀給他們聽。孩子們一邊聽著國王講述他們每個人有多棒，一邊帶著腦海中美妙的畫面入睡。領受了國王慈愛的小孩，真是幸福無比。

某一晚，國王將他的孩子帶到跟前說：「我需要你，將我向你彰顯的真愛與仁慈，帶給我國度裡的其他的孩子，因為他們仍認為我是刻薄寡恩的。你願意愛他們，告訴他們我們在一起的許多美好時光嗎？你願意

讓他們知道，我想邀請他們前來，與我同樂嗎？你願意告訴他們，在我那本充滿奧祕與夢想的奇書中，也有他們的名字嗎？你且帶著我的戒指去，好讓你在接觸我疼愛的孩子時，有我授予的全部權柄，來穩固你所需要的一切。你也可以隨時回到我這裡來，多多享受我的抱抱，親吻與肯定，若是你忘了我曾對你說過的夢想與奧祕時，就來問我，我肯定會再重覆跟你說的。孩子，你讓我快樂無比！在你走向那些還不明白我有多愛他們的人，接觸那些我視如己出的孩子時，你便是圓了我的夢想。我的夢想就是，有朝一日，每個人都能明白真正的我。」

就如一塊田地，喝飽了屢次下的雨水，就生長菜蔬，合乎了耕種者的需要，而蒙神賜福。（希伯來書6:7 NJB）

## 我們代表著國王真正的心意

我們是被國王滿滿祝福的兒女！我們是一塊綠油油的田地，吸飽了雨水，浸泡在主的熱愛中，像海綿般吸收著神的肯定，並嚐盡了神的愛。而且，神已塑造了我們，得以帶著祂的愛走入人群裡。對於那些還不相信祂有這麼好的人，我們就是天父慈愛的代表。當我們走出去愛人，行在神國的大能中，將人吸引進到天父的愛裡，我們就是在結出命定的果實了。

---
**作為天父心意的代表，找出任何方式，來鼓勵並祝福每一個你接觸到的人，這就是你的任務。**

---

絕不可選擇詛咒，拆毀或斥責任何神所寶愛的人，而是要以肯定的話語，建造他人。即使，只是在路上，單單與你擦肩而過的人分享你的笑容，也可以建造人。你將會綻放出天父一直以來，厚賜給你的愛。你白白得來，也將白白給出。藉著一次轉化一顆心，你便是把神的熾愛，散播到了全世界。你是因著神的旨意，而生在人類歷史上的此時此刻，為的是在此地，帶出正面的影響力。你是改變世界的人！當你越享受

祂，你的生命就越能影響別人；有時候，甚至是在不經意之間，因為你隨處都流露著祂的愛！

## 你有多特別呢？

> 所有的創造物都在彰顯神的榮耀——祂獨特的本性，穹蒼傳揚祂的手段。（詩篇19:1 NKJV）

哥林多前書15章41節 (NJB) 提醒我們：

> 日有日的榮光，月有月的榮光，星有星的榮光；這星和那星的榮光也有分別。

在清朗無雲的夜晚，當你抬頭仰望空中的六千億萬兆顆星辰（600,000,000,000,000,000,000,000這數字是最新的科學估計，而且科學家確認持續有新星不斷在誕生），你可知每顆星辰都各自不同？每顆星辰都帶著獨一無二的榮光，彰顯著神的某一個面貌，而且都是只此一顆，別無分號。想到這就叫人暈頭轉向，其他就更別說了。而這還只是星星哩！每顆行星，每朵小花，每隻動物，每個海洋生物，甚至是每條昆蟲，上至聖母峰，下達海裡深處，在在都展現著造物主的無窮無盡，獨一奇妙的面貌與樣式。

祂是如此之浩瀚，如此之雄偉，比我們心靈所能探究的任何事物更加聰慧，更有創造力，我們需要大千世界的包羅萬象，齊聚一堂，方能繪製出這一幅圖像。這圖像，雖仍不能涵括祂，卻使我們因一窺祂至極的　角，而連連驚呼，讚美不息了。

花點時間回想你曾享受過最美的自然風景吧！我曾站在優勝美地瀑布頂上，看著如萬馬奔騰的大水一瀉千里，令人摒息的景像讓我目瞪口呆。我曾站在夏威夷茂宜島海邊，滿心驚奇，讚嘆不已地凝視著深紫橙色的落日。我也曾震懾於拔地而起，高聳入雲的巨大加州紅木森林的壯闊景像。我在太浩湖畔一坐就是數小時之久，陶醉在它一覽無遺的美景

中。

你心中想起什麼美得讓你摒息的畫面嗎？

你準備好了嗎？當神精心打造出那最美的地方，祂稱它是好的。[1] 然而，直到祂造出極致顛峰之作，那照著祂自己形像造的男人與女人——就是你和我時－祂才稱祂的創造是**甚好**！[2] 這同一位天父，將祂自己獨一無二的榮耀，放進了創造物的每個元素裡的，又把最精彩的創造放在了後頭。這位神，祂是這麼看你的：

> 「當我創造你時，我真是全心全意。
> 你是我創造中的極品。你絕對是我的最愛！」

麥科卡 (Michael Card) 在他1994年的專輯《傑作》(Poiema) 中寫道：

> 聖經告訴我們，我們是神的傑作（希臘文是 poiema 這個字）；我們不只是受造物，更是祂的精心創作，祂的詩歌（以弗所書2:10）。我們是活生生的書信（哥林多後書3:3）。因此我們的生命本就是為了被聆賞的。因為，是這位神，祂透過向我們說話，又藉著我們來說話，使祂的心曲得以交織成了一章動人的交響樂曲，揮灑成一幅曠世鉅作。

祂造的你是如此地獨特，尊榮美麗，遠超過祂所創造的任何其他受造物的榮美。

> 人究竟是什麼，神竟然念念不忘？神何故要造福世人？神為何要如此寵愛人類，讓他們繁衍眾多？祂使人幾乎與自己平等，又以祂自己的榮耀尊嚴為他的冠冕，並授權予他統管祂手中所造的一切。（希伯來書2:6-7 TMT）

神熾愛我們的程度，不僅超過我們對熾愛一詞所能理解的，而且祂還要邀請你——「讓我們一同作王，一同掌管我的國度！」當然，這意味著，是照著祂的方式運行——不僅是帶著愛，恩典，尊榮，恩慈與憐

憫,也是帶著大能,神蹟與奇事。我們是該期待那些不可能的事降臨人間的。這就是何以當耶穌被門徒問到要如何禱告時,他回答說:

> 所以你們要這樣禱告:「我們在天上的父,願人都尊你的名為聖。願你的國降臨。願你的旨意行在地上,如同行在天上。」(馬太福音6:9-10 NIV)

耶穌來,是為了教導我們認識我們的天父是誰,並讓我們明白已有祂的許可,可以將祂的國度實際地帶入世間。你是神的榮耀尊貴所加冕的,你也已在祂的國度中領受到這掌權的地位了。看來,你要與神一起做事了!

透過認識神真性情的我們,世人將會認識神。一旦我們明白了,這曾在神榮耀的自己是何等偉大時,就再沒有什麼能攔阻我們來正確地代表祂,將愛和大能散播到全地。

## 天國榮光乍現

多年前,當我經歷到在基督裡的產業之一,醫病的恩賜時,這愛與大能的相遇,便開始發生在我身上了。我的一名同工,仙蒂 (Sandy)[3],在青少年時,從二樓窗戶跌下,摔斷了脊椎。她的脊椎從未痊癒,現在四十幾歲了,她還要經常應付劇烈的背痛。這一天,仙蒂又再次傷到背,她的軀幹被支架包覆著,就連坐著,也感到椎心刺骨的疼痛,但她還是試著坐在辦公桌前工作。我跟她提到我最近看到的一些醫治神蹟,並問她是否願意讓我為她禱告以得痊癒。她立刻就答應了。但在我禱告之前,我和她的談話中發現,她雖然在一個基督教家庭中長大,卻很難相信神真的愛她,因為成長過程中,她一路上接受了力求表現的宗教信息。她覺得自己達不到神的標準,因此也不配領受神的愛。

我有此榮幸與她分享了,作為神女兒,神對她的愛與肯定。接著,我開始宣告神對她嚴重背傷的醫治大能。我命令,錯位的脊椎,歸回原位!接著在幾秒鐘之內,我們兩人都聽見了啪啪作響的聲音,這時仙蒂

的背脊，迅速地重整歸位，完好如初了！由於當時這種即刻的神蹟，對我來說，還相當陌生；又因著她開始哭泣，我也開始害怕，是不是發生什麼糟糕的事，讓她更痛了？當我問仙蒂，為什麼哭時；她破涕而笑，滿心感恩興奮地說：「不痛了！我痛了三十年，現在完全不痛了！」

接著她又說了一番，讓我也想哭的話。她說：「我不敢相信神會這麼愛我，願意為我這麼做。我的阿爸父愛我！」說著說著，她就脫去了支架，像個孩子似地，在房間裡到處奔放跳舞著，歡慶她得了醫治。她也確認了天父愛她，就如寶貝公主般地寵愛著她。

在接下來的五年裡，有時候我仍會碰到仙蒂，在那段期間內，她得著痊癒的背，不曾再痛過。她與天父之間的關係持續進深，越走越甜蜜，因為她已知道天父全心全意愛著她。

## 偉大無比

在過去這幾十年裡，戲院裡又吹起了一股超級英雄的電影風。這些年來超人，神奇女超人，蝙蝠俠，蜘蛛人，神奇四超人，X-戰警，無敵綠巨人，鋼鐵人，雷神索爾，美國隊長，以及一大堆電影應運而生。對你們當中一些人而言，提到這些正義使者的名字，就足以讓你心跳加速，在你的記憶庫中，立刻就跳出了這些英雄救世者，豐功偉業的鮮活畫面。

這些超級英雄，之所以有廣泛的吸引力，不是沒有原因的。那些覺得虛度人生的人們，他們內心深處也在吶喊著：我要給世界帶來一個真實的改變。誠然，我們或許無法像超人一樣，讓地球倒轉，或讓時光倒流，但我們都希望能真正地讓世界變得更好，因為這是我們來到世上的目的。

---
我們本能地知道，生來就是要過一個超自然，
不同凡響的人生──一個改變世界的人。

---

天父造我們，是為了讓我們認識祂，且一同成就大業！[4]

你可知道？即便是受造的萬物，也正熱切盼望，等待著我們行在真實的身份，行在所承載的偉大之中。

> 受造之物切望等候神的眾子顯出來。（羅馬書8:19 NIV）

我們是照著造物主的形像所造的，因此我們偉大無比。就在我們靈裡重生的那一刻，那使耶穌基督從死裡復活的大能，也傾注在我們身上了。[5] 當我們全然踏進了我們真實的位份，並且自由地行在其中時，神所有受造物的次序，將能經歷到自由的釋放。

耶穌知道他是誰。祂知道自己是神鍾愛且萬般眷顧的兒子，是祂父親國度的完美大使，是祂父親所屬一切的繼承人。

問題是：你知道自己是誰嗎？

> 萬物因祂而有，藉祂而造的那位，為要帶領許多兒子進入榮耀裡去，就讓救他們的元首，藉著受苦，得以完全，這本是合宜的。因為那使人成聖的和那些得以成聖的，都是出於同一個源頭；所以祂稱他們為兄弟，也不以為恥。（希伯來書2:10-11 NJB）

耶穌身為神愛子的身份，和你身為神兒女的身份是沒有差別的，完全一樣！「都出於一個源頭。」這個詞彙也可翻譯為與耶穌「合為一個整體」。你明白這詞的含義嗎？就是不再與祂分離。祂與我們分享了祂的身份，而我們與祂是完美合一的了。

同樣這節經文，《鏡像譯本》(Mirror Translation) 是這樣翻譯的：

> 因為行拯救大能的祂，和那些蒙救贖，得以恢復無罪之身的人們，源自相同的源頭。祂昂然地介紹他們是自己的家人。

還有能比這更好的嗎？耶穌摟著你，笑得燦爛，因你感到驕傲非常；然後，這樣的介紹你：「這是我超棒的小弟！這是我了不起的小妹！我們有相同的屬靈基因，父親一視同仁地愛著我們。」

已從我們天父那裡，擁有了天上地下所有權柄的耶穌，對我們這樣說：

> 你跟我一樣，都是來自天上的純正血統。我是用什麼造出的，你也是那麼造出來的。我所有的也都是你的了。讓我們都來使用父親給我們的權柄，以祂的愛，恩典與權能去撼動這個世界吧！我已經向你們示範過了，如今我要與你一同到天涯海角去，因為我是你們真正的長兄，我力挺你。我們是一家人！

克里斯・韋羅頓 (Kris Valloton) 在《君尊皇族的覺醒》(The Supernatural Ways of Royalty) 一書中，這樣描訴了我們的偉大：

> 藉著這位光芒萬丈的聖者寶血，祂重價贖回了朽爛襤褸的罪人，並重建了我們成為祂的公義，作王掌權的聖徒！
>
> 我們不只是十字架的勇士；我們更是寶座的繼承人。神性滲透在我們的靈魂中，更新我們的心思，賜我們肉心，將新靈放在我們裡面。我們受造，以成為祂榮耀的器皿，和祂光明的媒介。
>
> 或許更好的說明是，我們是那透過與神聯合，升上寶座的美麗妹子，因她已許配給了和平之君。洞房正在建造，婚宴正在準備，新娘正在預備好她自己。另外，我們還被稱作－神的兒女，待嫁新娘，君尊的祭司，祂眼中的瞳仁，新造的人；但最重要的，是這件確定的事：我們已奪了我們愛人的心。祂愛火中燒，業已騎上白馬，招聚了威榮的隨從，正奔向我們這個星球來！
>
> 在此同時，神的百姓正在各地興起，開始在現今的黑暗中閃耀發光。就當我們奪回掌管這地球的權柄之時，祂的皇家大軍也正從那已被擊敗的惡者手中，全地鋪張著君王的榮耀。祂的孩子們裝備好了天父的榮光，正在人心中尋找隱藏的寶藏，這些曾一度被過錯的岩石，背叛的荊棘和宗教的遺留，層層覆蓋住了。備有聖靈的大能，並受命再次代表君王之子的我們，正運行著醫治病人，使死人復活，驅魔趕鬼的使命。以至使貧民小卒成為王子公主，

並將這屬世的王國，轉為神的國度！[6]

至高君王的兒女們啊，你們乃是百戰百勝的勇士！你們熱切的愛人，現在正凝視著你們。祂不願任何事物，攔阻了你與祂一起共享的親密關係，因為這本是你受造的目的。此時此刻，天父強大的正義，正在興起。[7]

---

**祂的正義不是來對付你們這些在基督裡的人——
因你們的罪債，耶穌在十字架上的寶血，已一次付清了。
祂的正義是為著你，支持你的，
也是為了對付那些撕扯祂新娘的邪惡勢力。**

---

對你，主這樣說：

> 喔！誰能像你們這些得勝的百姓呢？耶和華是你們的盾牌，保護著你們，是帶領你們得勝的刀劍。你們的仇敵試圖腐敗你們；然而，你們自己必要踩在他們的背上！（申命記33:29 NJB）

這將會成真，不是因為我們自己夠強，而是因為神定意要如此成就。

神是我們的保護者！祂是確保我們得勝的銳利寶劍。既然，我們是照著祂的形像完美地受造的，那麼祂會這麼對我們說，也就不足為奇了：

> 〔我〕使你如勇士的刀。（撒迦利亞書9:13 NJB）

換句話說，在我們裡面的基督，持續地以祂榮耀火焰的刀鋒，劃破著黑暗權勢！尚且，祂護衛我們的公正還不僅於此。祂更籲請我們：

> 你們被囚，卻仍存著指望的人啊！回到你們的保障吧！今日，我宣誓，我必加倍賜福給你們。（撒迦利亞書9:12 NJB）

祂不只定意要補償我們被仇敵腐敗的部份,當我們選擇安息在祂的恩慈中,祂更要加倍償還我們,那些仇敵從我們身上偷去的一切;這些只有神才做得到。阿爸父對你說:「起來,我得勝的勇士們!在我大能的力量中站起來,勇往直前。」

約翰一書5章4節 (NJB) 說:「每一個神的孩子,都勝過了世界;這使我們能勝了世界的,就是我們的信心。」我們所確保的勝利,來自於信心。我們要像小孩子一般,來認同且相信神一直都是恩慈良善的,凡祂所應許的都會照著成就。祂已使我們成為得勝者!

> 羔羊必勝過他們,因為羔羊是萬主之主、萬王之王。跟隨羔羊的,就是蒙召、被選、可靠的,也必得勝。(啟示錄17:14 NJB)

## 與神同工,改變歷史

那麼我們要怎麼來運用這偉大呢?這不就是問題的癥結所在嗎?我們的工作性質,其實是非常清楚的。在哥林多後書5章18至20節 (NLT) 便交代得一清二楚:

> 這一切都是從神來的厚禮;他藉著基督把我們買贖回來,又將勸人與祂和好的任務託付給我們。這就是神在基督裡,使世人與自己和好,不再記念他們的過犯,並將這和好的信息給了我們。所以,我們身為基督的使者,神就藉我們來呼籲世人。我們替基督向你們請求:「回到神這裡吧!」

很清楚的,我們的任務就是準確地向這世界代表神,讓世人知道神愛他們,而非與他們為敵。我們在神面前已成為美好,不是因為我們做了什麼,而是單單因著基督為我們已成就的一切。

我們是基督的大使。大使被授權在世界的每一處來代表他或她自己的國家。在大使館裡,大使享有他或她本國的種種權利與特權。

> 同樣的，基督已授予我們全權，
> 在世上去代表祂和祂恩典與慈愛的國度。
> 在這麼做的同時，我們就享有我們祖國——
> 天國的所有權利與特權。

我們得以正確地描繪出耶穌的心意，祂在世的使命是這樣子的：

> 主的靈在我身上，因為他用膏膏我，叫我傳福音給貧窮的人；差遣我報告：被擄的得釋放，瞎眼的得看見，叫那受壓制的得自由，報告神悅納人的禧年。（路加福音4:18-19 NIV）

就像耶穌一樣，我們給世人的信息必須是：「你的天父愛你，像愛自己的孩子一樣。祂竭盡所能，來讓孩子們與祂和好如初。也包括你在內。你也被邀請了。所有費用都已付清了。你想加入嗎？」

這真的是神對那些還沒回轉的人的心腸嗎？絕對是的！這是大好消息。要不然，有誰能得救呢？我們愛神，是因神先愛了我們。[8] 是神的恩慈引領我們回轉向神。[9] 當人們看見祂的恩慈和良善時，他們便能轉離那毀滅的道路，走上一條生命與愛的道路。在人們得救之前，是應該告訴他們，神對他們的真正心意。一旦他們了解了這點，前來認識這位真正的天父，以及真正的救主時，他們會選擇連蹦帶跳，一躍而入的。藉著分享這大好消息的真相，誰會不想一頭鑽進來呢？

你只要單單以他們是你天父的兒女，是照著祂榮耀的形像造的，去接納他人並珍視他們，就好了。

> 你是那報大好消息的使者，好消息就是：
> 他們一直渴求的那份愛，他們已經擁有了。

作為向世人彰顯祂同在的大使，你有此天大的殊榮來愛人，並看著他們開花結果，成為神起初創造他們的樣式。

## 向我彰顯你的榮耀

神怎能如此確定我們會適當地代表祂呢？你也許會問：「祂難道不知道我們的本性嗎？」是的，祂都知道。但更重要的是，神知道祂的本性，祂已將祂榮美性情的一部份，放進了我們每個人裡面。我們的天父有無上的信心，祂安排周詳，絕不掉以輕心。藉著將祂自己的靈放在我們裡面，使我們成為祂榮耀的承載者，祂確保了我們最終的勝利。

我們身為神榮耀的承載者是什麼意思呢？要回答這個問題，我們需要回頭看摩西在出埃及記33章18節的請求，他懇求神：「主啊，向我彰顯你的榮耀！」

神願意這麼做，但祂也設定了呈現榮耀的條件。祂跟祂的朋友摩西說：「好的，那麼我要顯出我一切的良善，在你面前經過，展現我真實的性情，好讓你知道我到底有多好。」[10]

許多時候，今日的信徒讀到這裡，心裡會羨慕地想，我要是能以摩西的方式見到神就好了。豈不知，如今我們見神的方式，遠比摩西好得多了。

摩西從山上見了神下來，百姓看見摩西臉上有神的榮光。因他待在神極致的良善，恩慈與憐憫的身旁，摩西的臉，容光萬丈。但不久後，這榮耀的神采便開始消退，所以摩西在臉上，蒙了一條帕子，因為他不願以色列人看見榮光已黯淡消退。[11]

何以神的榮光會從摩西身上消退呢？因為這是外在的！這就是新約與舊約基本上的差異。在舊約中，當摩西求見神的榮耀時，神說：「我要讓我一切的恩慈在你面前經過。」然而，在恩典的新約中（神安居在我們裡面），當我們尋問神「向我顯現你的榮耀時」，祂的回答是：

「照照鏡子！」

神的恩慈良善住在你裡面。神的喜樂常在你心底。神的平安與你同住。神的慈愛，由你來具現。在摩西面前經過的一切恩慈，如今已在你裡面，安家定居了。

> **如果你在「遠處天邊」尋找神，你就是捨近求遠了。**
> **神國就在你的裡面！**

你是否曾細看那些長時間與神在一起的人？我說的是，那些刻骨銘心地，認識了神極致之愛與恩慈的人。他們充滿了一種任何環境都無法染指的喜悅。他們冷靜堅定地相信，他們天上的父親確實在調度他們生命中的萬事，為讓他們得著更大的益處。他們煥發出祂甘甜同在的容光，神采奕奕，且能不經意地，隨處流溢出榮光來。

我們教會裡，就有許多彰顯出這樣榮光的人。有些人的皮膚閃亮著金沙，有些人的手出油，有些人的皮膚底下能感受到，神烈火之愛的悸動。當你開始明白神的榮光，是無時無刻地常駐在我們裡面時，看到或感受到這樣奇妙榮耀的彰顯，乃是合乎我們裡面這位神的性情的。有這種外顯的人，並不會比那些無此經歷的人，更屬靈，或更聖潔。我們之所以屬靈或聖潔，原因只有一個——基督在我們裡面。但，若基督在我們裡面的外顯，是以驚人的方式呈現出來的話，這應該會讓我們讚嘆敬畏，而非感到憂心。

這些年來，神一直給我一個挑戰——讓我去看看鏡中的自己，看見祂眼中所看見的我。當我看到那是耶穌，帶著與日俱深的熾愛，當祂回望著我時，我驚嘆之情，也與日俱增。有許多人對我說，透過我的眼，他們看見耶穌在看著他們。我承載著神的榮光。無論我到何處，都釋放著祂的榮光——祂浩瀚的恩慈與良善。

你也能！

> **作為一名信徒，你已經擁有夠多的榮耀了，**
> **然而，當你明瞭自己所裝載的（基督）份量時，**
> **這會使你洋溢著孩童般的喜樂，並將之釋放給世人。**

所以，來，好好地照一照鏡子。但在這麼做之前，請神來幫你看見祂所看見的你，並對祂說：「向我彰顯祢的榮耀。」

放下這本書，現在就去照照鏡子吧！

怎麼樣？你瞧見了比你過去所知，那個更偉大的人嗎？

基督徒常因害怕被人視作驕傲，因而抱持了假謙卑。然而，知道並同意你的偉大，並非驕傲。驕傲是自誇說，沒有神，我照樣偉大。真實的謙卑，是知道你的偉大，都是因主賜的那份厚禮——祂在你的裡面。另一個極端的想法是，假謙卑篤信著這個謊言：「我是一條蟲，我永遠就是條可憐蟲。」仇敵使用假謙卑，一直讓信徒陷在絕望與平庸的坑中。你絕非如此！

這就是現今正在世上發生的本質上的翻轉。復興正跨越國界地爆發開來，因為神正向祂的兒女們啟示著，好讓我們得以明白，自己真的有多麼偉大。復興是神將新生命的氣息吹入信徒裡，好讓我們能正確地代表祂，並介紹祂給其餘正被慈愛天父吸引回家的兒女們，天父也早已張開雙臂等著他們返家了。

## 得著醫治釋放的大能

正如耶穌所做的一般，藉著毫不退縮地施展神愛的大能，我們實際上就是在摧毀魔鬼的工作了。[12] 天父是真正的好。魔鬼是真正的壞。當我們將兩者混為一談時，混亂便隨之而來。雖然耶穌已確保我們贏得了最後的勝利，然而，如果我們不明白，地上的爭戰還在進行中，我們就會把發生的一切，不論是好是壞，一股腦兒都歸到神的頭上了。

---
*不須苦心研究，也能看出*
*種種負面力量，正在摧毀人類的生命與這個地球。*
*我們被賦予了職責去做建設性的事，*
*而非只是無能為力地袖手旁觀這一切。*

---

耶穌在地上行走時，藉著祂父親賜給祂的權柄，建造世人。天父也賜給了我們同樣的大能，去行出愛。

我實實在在地告訴你們：我所做的事，信我的人也要做；且要做

更大的事，因為我往父那裡去了。你們奉我的名，無論求什麼，我必成就，好叫父因著兒子，得榮耀。你們若奉我的名求什麼，我必成就。（約翰福音14:12-14 CEV）

　　二十年前當我見到我岳父死於嚴重的心臟病，而一旁的醫護人員嘗試著搶救，卻束手無策時，這節經文，就成了我人生的真實寫照。因著這可怕的事件，觸發我去評估耶穌的這些話。祂說的，可都是真的嗎？作為基督的門徒，我有權柄做什麼事？於是我走上一段為期數月的發掘之旅。藉著深入經文，閱讀許多有關醫治的書籍，並參加多場的特會。我最後得到唯一可能的結論就是——耶穌所言，字字屬實！

　　一旦聖靈給我們新的看見，我們就要為如何使用它來回應。我本可將這新的啟示，束之高閣。但我選擇走出去，照著神所說的我是誰，而行。我就從為自己禱告先開始——這是新手入門的安全起點！

　　一年前，我在一次自助旅行中受了重傷，我失足滑倒，膝蓋被尖銳的石頭劃出一道口子，肌腱和神經都被割斷了。這傷一直也沒能痊癒，我也從中學會了與這疼痛共處，但我無法跑步也無法做我以前愛做的運動了。有一天，就在我得到結論：基督已給我權柄，去做祂所做的事。後來，我在倒垃圾時，走到停車場正中央，我放下了垃圾桶，然後向我的膝蓋肌腱，神經和韌帶宣告得醫治。這麼做了之後，我當下並沒有察覺到任何改變。天上沒有煙火慶祝，也沒有天使高喊：「哈利路亞！」

　　於是我拿起垃圾桶，繼續走回公寓。約莫十五分鐘之後，我做了幾下伏地挺身，然後是用膝蓋著地，支撐著自己站了起來。等一下，我心想。我膝蓋的疼痛不見了！我訝異地將我全身重量放在之前受傷的膝蓋上。還是不痛！第二天我跑了幾里路，還是不痛。從此我的膝蓋就再無病無痛了！

　　這是神的愛在我生命之旅的一個新階段，期間有時也會出現神奇的大能。我曾經看過數百次生命更新的醫治奇蹟。我曾見過一位第三，第四和第五節脊椎在車禍中碎裂，癱瘓六年的八十歲老翁，站起來走路！我也曾見一位瞎眼的少女，視力立即被恢復！我見過聾者恢復聽覺，癌症憑空消失，偏頭痛不藥而癒，嗅覺失而復得，碎裂的椎間盤完好如

新，還有像是狼瘡，念珠菌感染和肝炎……等等諸多疑難雜症，都得醫治。

> 耶穌說：「在神，凡事都能。」[13]
> 正確地代表祂，其中意味著，宣告並看見，
> 天國種種的可能凌駕了世上種種的不可能。

或許攔阻我們走出來，宣告神凡事都能的一大障礙，就是懼怕。要是行不通呢？要是我代禱的人，沒得到醫治呢？我雖沒有所有的答案，但我知道，一旦我相信耶穌的話，並奉祂的名宣告得醫治，天國便會榮光乍現。我見過證據確鑿的顯示，神大能恩慈的國度所帶來的醫治釋放，次數多到都記不得了。我也知道當我真正的動機是愛，人們覺得被關心時，好事總是接連發生。

> 你從神領受的復活生命不是膽怯而死氣沉沉的。它卻是好戲連台，精彩可期，讓你以童真的心來問神：「阿爸，然後呢？」神的靈觸摸到我們的靈，並確保了我們的真實身份。我們知道祂是誰，我們也知道自己是誰：我們是父與子。（羅馬書8:15-16 MSG）

## 純全的品性

既然我們得著了能力，在世上代表天父無比恩慈的心意，我們的品性對神而言，就是至關緊要的了。所幸，這並不意味著，在我們個性盡善盡美之前，神就無法或不願使用我們；若是如此，就根本沒人能上場效力了。然而，陶鑄你的個性，使你能更清楚地展現祂在你裡面的榮光，對神而言，在策略上是重要非凡的。我們經常想衝到山頭，為主大發熱心，成就大事。然而在另一方面，祂殷切盼望讓我們知道我們的身份，並行在其中。事實上，要塑造我們能活出祂愛子耶穌的形像，祂有的是時間！

純全，指的是一種全人完整的狀態。它意味著徹頭徹尾，切切實

實，行在你的位份中——因為你知道自己的身份是誰。《鏡像譯本》將以弗所書4章1節翻譯如下：

> 因主而著迷的我，在此懇求你們，念及你們起初的身份，你們行事為人，一舉一動，都當與你真實身份的尊貴及價值相稱。

保羅並沒有說：「要表現得像個基督徒。」他是說：「當知道自己是誰。」你起初的身份，就是神說你所是的那個人。保羅用了以弗所書前三章的篇幅，逐行逐句地，表述了你在基督裡的真實身份。然後他才說：「既然你已知道自己真實的身份，便應忠於那真實的自己。」

保羅是在說：「你知道世上有許多叫你去胡搞的事嗎？這些都與你無關，你是個堂堂正正的人，那些絕不是你！」

當聽到神口中的我們是誰，並深信不疑時，我們的心就因此被改變了。這改變，將帶來純全的品性。再說得明白一些，純全，不是試著行出百善，能有意志力，去拒斥諸惡。純全意味著，明白自己乃是為了自由與偉大而造的，你也不願退而求其次。有了這超自然的意識，你將會邀請聖靈來引導你的生活，好讓你能領受耶穌在十架上，已為你支付的產業中的一切益處。

---
**純全——是領悟到自己是基督在世上的代表者，自然而生的。**

---

純全，是假冒偽善的相反詞。新約中偽善一字的希臘文意思是「演員。」[14] 所以偽善的意義是：「我在你面前，要試著如此這般地演戲，好讓你如此這般地看待我，但其實我根本不是這樣的人。」

在另外一方面，純全，是做你骨子裡，真正的自己。當你越是認識神口中的你，聽信祂，你就越能信之不疑，也就能夠同意：「哇！我真的這麼偉大！祂能使我成為純全的人。」

因為認同，來自於知道，且相信神口中的你。因此，經常問祂：「天父，你說我是誰？」這是必不可少的。你不可能一邊相信那些針對自己

的謊言，一邊又行在純全中。抵擋這些謊言的方法，就是將它們帶到阿爸父面前，問祂：「這是真的我嗎？」

當你問祂這問題：「看著我時，祢看見了什麼呢？」我鼓勵你現在拿出日記本，或在電腦裡寫下那些祂給你的回答。

現在停下手邊的事，出聲問祂，並等候祂的回答，進入你的思緒中。為自己來聽神說話，這將是一個徹底更新你內心的經歷！

> 將這些意念寫下來，並妥善保管，好讓你可以常常回顧祂對你的肯定。但也要不厭其煩地請祂再重覆跟你說。阿爸總有些關於你的好消息要告訴你。一直都有！這就是耶穌所說，父有天上的靈糧要給我們吃，此句背後的一層意義了。[15] 每天你都需要聽見祂的聲音特別是祂對你的看法。

在天父的眼裡，你是「全然美麗」的。[16] 安息在祂對你的喜悅中，是你行在，你之所是的真正偉大中，不可或缺的一環，不要退而求其次。這就是何以我要盡可能地詳細呈述，祂對你所懷的心思意念。如果有需要的話，把書從頭再讀一遍，提醒自己，阿爸父所說有關你的真理。把那些深縈你心的字句，劃起來，或是在使你充滿盼望，能領受到祂大愛的章節上，劃下星號──不論做什麼，只要能讓你回想起來或記住，就好。重覆地說出祂對你所懷意念的字句，這將為你帶來活潑的生命，還能以喜樂振奮你的心。你越是聽見主親口告訴你，祂是如何看你的，你就越能行在其中。

> （默想道成肉身，這，啟示出在基督裡關於你自己的事實）這將使你對自己的看法全然改觀！將自己完全沉浸在這從上頭而生，由神塑造的新人裡！你是照著神的形像與樣式所造。這就是公義與聖潔的真義。（以弗所書4:23-24 TMT）

你無法為神改變你自己。現在就停止這計劃吧！浪費時間精力在行不通的計劃上，是愚不可及的事。別跟神說，你要怎麼為祂來改變自己。現在是輪到你下定決心的時候了，來明白神口中的你。你是誰！當

你開始以正確的方式來看待自己時，你便開始以那種方式來生活。這就是神應許給你生命的真正蛻變——聖靈正恩慈地領你進入這蛻變的過程。

別讓這世界告訴你要做什麼，它對生命一無所知。你貴重的價值遠超過世上一切。來聆聽並同意你天父對你說的話吧！

你並不平庸。你並沒有滅頂。你並不是繞著同一座山打轉，原地踏步。你是我的旨意與命定下的孩子！當我造你時，在我的心中，有一個對你生命的清楚旨意，我也正在實現它。也許事情看起來並非如此，然而，這就是你必須信靠我的地方。我所預備你要做的，我也會賜你能力與意念去行出來。我正引領你走在凱旋的遊行中。你是得勝者，不是受害者！當我說，我正引導你榮上加榮，更榮再榮時，這的的確確是我的真心話。請大步向前，向上行，因為我定意要如此成就。請你凡事存感謝的心，因為你生命中有一個命定，遠比你在環境中所看到的偉大得多。不論你以為的問題看起來有多艱鉅，我都將以我的至善，將之縮小。不論仇敵企圖做什麼來讓你誤入歧途，我對你百般呵護的愛，會輕輕鬆鬆地勝過它。不論你認為你敗得有多慘，我的恩典夠你用，且因著基督在你的裡面，你便有我的認可，得以滿有自信地往前行。萬事都互相效力，來幫助你，而非敵對你。我住在你裡面的靈，會確保你勝利成功。我支持你。其他的一切有什麼要緊的呢？這一切都是真的，因為我已決定要愛你，幫助你完成我給你的命定——我的決定才是最後的定案！我不會改變我的心意。我不可能改變我的心意。你永遠屬我，我心意已定！萬一你沒聽清楚我對你的心意，我要再次對你說，我真的，真的很愛你！[17]

## 默想與回應

- 在你現在的環境中,你會如何向別人彰顯天父的真心?
- 知道神稱你為祂榮耀的冠冕,祂看你的受造甚好。對於這方面,你有什麼感受呢?
- 神願你把屬天的國度,帶到人世間。你會選擇怎麼去行出來呢?你認為這會是什麼樣子的呢?
- 哪方面你需要主的鼓勵,好幫助你能再次站起來,繼續走下去?請主賜你勇氣!
- 當你照著鏡子,請神向你彰顯祂的榮耀時,你看見了什麼?請將它寫在日記裡。
- 聽見耶穌說,自己將要做比祂更大的事,這對你有什麼影響?你在基督裡的權柄中,有哪些是你想要更多的呢?
- 在哪些方面,你試著要表現得像個基督徒,卻沒能活出神口中的你是誰呢?還有哪裡是需要神來重新恢復你對自己的看法的嗎?

## 第十一章

# 愛能勝過一切

❦

我信任你能向世人表露我心中的愛，
這世上，充滿了迫切需要我的慈愛與肯定的人們。
我的孩子，這就是為何我絕不會停止
向你傾注我的愛的原因之一。
你從我所領受的——請將它給出去！

鮑伯‧瓊斯 (Bob Jones) 是這世代如慈父一般的先知，在一次特會上他和我們分享一個令我終生難忘的故事。他提到，他死了，上天堂，看見耶穌；最終，耶穌差遣他回到世上的肉身裡，讓他去完成神差派他要成就的事。當鮑伯在天堂遇見耶穌時，主問他一個問題：「愛，你學會了嗎？」

### 愛，你學會了嗎？

這問題不是「你跟人們談起我了？」或是「你有沒有敬拜我？」還是「你善用我給你的恩賜了嗎？」——雖然這些都是頂重要的大事。

不，耶穌問鮑伯：「愛，你學會了嗎？」

在祂被捕的那天晚上，耶穌給祂門徒一條新的誡命——這是祂在世上服事時一個高潮的驚嘆號。祂說：「你們要彼此相愛，我怎樣愛了你們，你們也要怎樣相愛。」（約翰福音13:34 NIV）這是恩典新約的精義。我會先愛你們——沒有條件，全心全意，毫無保留——如此，你可以讓這樣的愛，透過自己傾注在別人身上。

使徒保羅敘述了這盟約之愛是怎麼樣的：

> 愛是神在人身上所彰顯至高的價值，愛將真理表露無遺。在愛的氛圍中，自發性的成長乃是必然的現象。我們全人都展現了基督的本像，祂是教會的元首；祂是所有話語的總結。從祂身上流淌著我們起初設計的構造與細節，就像詩篇中交織的詞藻，彷彿有位音樂指揮家 (epichoregeo) 將它們層層相連，環環相扣，亦步亦趨地跟隨祂的意念，以完成和諧一致的和聲。同時，肢體因愛的活力，茁壯律動。每一部份都在這裡各司其職，各展所長。（以弗所書4:15-16 TMT）

道理很簡單，就是愛能改變人！當我們終於欣然領受到，這從天父來的豐沛無比的愛與接納時，我們就永遠脫胎換骨了！而當我們將白白得來的也白白給出去時，別人也跟著改變了。

## 愛的洗禮

有一次教會的組長聚會，我們與神有一段非常親密的敬拜時光，我在異象中被帶到神的寶座前。我看見二十四位長老環侍在寶座旁，敬拜著耶穌。接著我直視耶穌的雙眸！我第一個反應是，我不配站在祂榮美得讓人摒息的面光前。我在祂面前屈膝跪下，摘下戴在頭上的冠冕，放在祂腳前的地上。耶穌朝我走過來，將我扶起，把冠冕放回我頭上。我震懾於這浩蕩恩典的流露與無比恩慈的動作。祂說：「我將讓你看見我看世人的眼光，是以你前所未見的真光來看他們。」當下我覺得彷彿領受了愛的洗禮，這洗禮淹沒了我，更新我得以更寬廣的愛去看世人。

從異象回來之後，我向團契組長們讀哥林多前書13章4至8節，愛的真諦的經文（我用的是巴克萊的新約譯本 (Barclay's New Testament)）。我是如此深深受到剛經歷到的異象，以及被我救主耶穌超凡的大愛為之感動，以至於我每講幾個字，便泣不成聲。我不想在朋友前哭得像個淚人兒似的，但在這樣神聖的時刻，我卻按捺不住情感。我盡可能地強作鎮

靜，在啜泣失聲前，勉強多說幾個字。我慢慢，逐字地說：

> 愛是對人忍耐，愛是恩慈；
> 在愛裡沒有嫉妒；
> > 是不自誇；不高傲。
>
> 愛從不做沒有恩典的事；
> > 從不強求自己的權益，
> > 從不輕易發怒；
> > 從不助長憤恨。
>
> 當人犯錯時，愛不曾因此而喜悅；
> > 但，當人彰顯真理時，愛為此欣悅。
>
> 愛能經受各種對待；
> > 愛的第一直覺是相信人；
> > 愛從不看別人或事物沒有盼望；
> > 沒有一事能折毀愛的精神。
>
> 愛是永不止息。

愛永遠得勝！如果你持續去愛某個人，這愛終會在他或她身上帶來一個顯著的影響，因為愛是世上最強大的改變動力。愛，是聖經裡提到能存到永遠的三件東西之一。

是的，你能從世上帶到天堂的只有三件東西。它們就是信，望，愛。

---
**毫無疑問地，這三者中最大的是愛。**
**這意味著，你向他人表達的愛，絕不會徒勞枉費。**

---

## 沒有了愛，何益之有？

在哥林多前書13章中耳熟能詳的愛的真諦，是在聖靈賜給信徒奇妙大能的恩賜之後提及的。保羅解釋，如果我們使用這些大能恩賜，卻沒

有了愛，就算出於一片好意，我們就像是鳴的鑼，響的鈸。

多年來，我在管絃樂團中吹法國號，讓我跟你說，鈸是驚人地吵雜刺耳。在樂曲進行中，適時地在管絃樂中敲響鈸可以振奮人心。但如果你在咖啡廳跟人聊天時，突然有人在你耳邊，敲響鈸，你的神經系統會霎時驚惶繃緊，它會讓你神經緊張，很不舒服。它會刺耳難聽，而非悅耳動聽。這就是我們使用屬靈的恩賜，卻沒有真心的關愛時，所給人的感受。如果我們對接觸的人沒有天父的慈心柔腸，我們造成的傷害遠大於益處。

相同的觀念，彼得是這麼說的：

> 最要緊的是彼此切實相愛，因為愛能遮掩許多的罪。（彼得前書 4:8 NJB）

彼得強調「最要緊的是」，他是說：「如果你沒有明白我所說的其他東西，你只要守住對彼此的摯愛就行了。」愛是讓仇敵無計可施，攻克不破的武器。仇敵如何能勝過愛呢？在一個明白且經歷到天父之愛的氛圍中，你會看到許多真正快樂的人！如果我們一直活在天父大愛的真實中，將會是喜樂不斷的。

## 在恩典與愛的氛圍中會發生什麼？

人們渴望被愛，並渴望他們的生命有意義。經歷天父對你的深情厚愛，可以成全這兩者於一。一旦你安息在主豐厚無比的恩慈中，你的生命將能為神國，結出超乎想像的果實。安息在阿爸父愛裡的生命，將可把祂大量傾入於你的愛，以超自然的方式流溢出來。

多年來，我見過愛能如何帶給一個又一個人，必然自發的成長。人們第一次來到熾火教會時，通常帶著心碎與傷痛，但從別人那裡接觸到的愛與接納，更新轉化了他們，別人自己也是被天父的愛所改變的，這看了讓我驚嘆不已。

> **靈命停滯多年的人們，**
> **因經歷到天父大量不變的深情，迅速地被更新。**
> **因此，一個持續不變的恩典與愛的氛圍，能改變一個人。**

貝姬 (Becky) 是熾火教會超自然學院的國度課程學生。她剛來的時候，一生的痛苦與謊言造成她生命的殘缺與破碎，形成殘害她的營壘。雖然一路上，神救拔她脫離絕望的深淵，經歷到不同程度的醫治，這九個月的課程卻成為她得醫治的重大轉捩點，在這當中，她持續浸泡在天父愛與接納的真理中。以下是貝姬感人至深的生命轉化自述：

> 很久很久以前，一個漂亮的女嬰誕生在一個不快樂的破碎家庭。這家庭想要愛她，關心她並幫助她成長，但因為這個家庭不懂得如何去愛，實際發生的事卻是痛苦，心酸與折磨。在她生命中痛苦的時日，有一個神的同在正關心安慰著這孩子。她很少發覺到這同在，也不曾感受到它，因為她已經失去了感受的能力。她躲藏在厚到世上沒有力量能穿破的甲殼裡。她只知道，這殼裡面有她放不下的痛苦。這樣的痛苦日久天長，無止無休。
>
> 新的痛苦——以她習以為常的方式——被她自己承受了下來。然而，柔情，盼望與愛，卻被她視作是傷人的。它們將她靈魂中軟嫩，隱隱作痛的部份，暴露在愛的痛苦甘霖中，她無法忍受這樣的痛苦。然而，神愛的同在仍持續不離不棄，護庇著祂受傷的孩子。祂靜悄悄，輕柔柔地擁抱她硬殼裡的心，撫平她許多的傷口。祂鬆開她多年緊握的絕望。祂帶她走回過去的事件，為她帶來更多的醫治，其中也涉及了別人。醫治有時會痛，但多半時候是有用的。
>
> 但是折磨的刺痛，依然縈繞心頭。她平靜的心中，還依然迴響著她孩童時的尖叫聲。她無望地掙扎著，要掙脫她給自己套上的硬殼枷鎖，但除了神的同在之外，沒有人能聽到她內心的吶喊。
>
> 漸漸地硬殼變得脆弱了。愛她的那位，以柔情蜜意觸摸了她的心，讓她看見平安。有那麼一刻，折磨停止了。一旦折磨再次出現，

她就全心全意地去尋求平安。這是她生命中前所未知的時刻。之前，她已經放棄了，決定將生命還給造物主，只求一死。現在，她將生命交給造物主，盼望重生而活。

造物主回應了她尋求平安的吶喊。慢慢地，內在的平安進入了她的心中，外在的平安也開始明朗。這平安通向了其他的恩賜，是造物主知道她已經預備好，讓她開始去經歷的。

美好的一天來臨了，喜樂湧上了她的心頭。她的心感受到未曾經歷過的快樂。她陶醉在愉快的時光中，希望這日子永無止盡。當這一天，就像其他日子一般，即將結束時，她將這記憶收藏在她心中一個特殊的地方。就此，盼望開始成長。她開始渴慕喜樂。漸漸地，神加添了更多的喜樂。這喜樂打破了她心靈堅硬又醜陋的地方。

另有一天，是有人讓她看見真愛的一刻。這人注視著她的眼睛，看著她微笑。這裡頭，有真心誠意的歡迎——一種前所未見的敞開和光明。這可是新鮮事。在她力求自保，心懷苦毒的世界裡，被拒絕乃是常態。受人真誠的歡迎，不必做什麼就讓人印象深刻……這倒是她聞所未聞。

她開始跟她的造物主談情說愛，這愛的課程也於焉開始。她開始渴慕愛。她學習愛她的造物主。學著博愛萬物。她甚至將得來的這無私之愛延伸出去，然而，她卻依然厭惡她自己。她看自己是醜陋可鄙的。絕望常揪著她的心。

她的造物主開始讓她看見自己是美麗的，祂將她造得可愛，甜美且良善。祂讓她看見她是美好的，不是個叫人難以忍受的討厭鬼。當她成長到能接受這點時，她的硬殼便應聲裂開了。她一直試著要扼殺的感覺回來了。愛意一點一滴地滲入她心中的傷口深處，把叫囂的苦毒與憤怒，暴露了出來。她向她的造物主大喊：「憐憫啊！」祂聽見了。祂應允了。祂醫治了。祂也開懷笑了。

當醫治繼續進行時，硬殼枷鎖完全脫落了。無條件愛著她的造物

主,現在成了她最親愛的朋友。祂奇妙的大愛,藉著改變她的人生觀,改變了她的言談,改變了她整個人,也重新定義了她是誰。變化發生了。她找著新的能力,得以把這愛擴展出去,與他們分享她的經歷,分享她的感受。這些感受,在過去,曾是極大痛楚的來源,現在卻成了喜樂的常駐之地。

絕望逃之夭夭,已不見蹤影了。

這些年來,以一個牧師的身份,我發現了一個令人得自由的奇妙事實。就是,試圖經營別人的生活,並告訴他們該怎麼做,是行不通的。我的工作不是要修正別人,或試著去改變他們。我無法做到!

---

**我的任務是告訴人們,神如何看待他們,**
**以及他們有多麼地美好,直到他們深信不疑為止。**

---

越是領悟到天父如何鍾愛身為祂兒子的我,我就越有能力告訴人,神如何看待他們,以及他們在基督裡是多麼的讚。 一旦他們領受到了,他們便會開始高飛,進入他們受造的命定裡,從此不再被律法主義,以及它帶來的自我定罪,與自我厭惡的鐵鍊所綑綁。

在生命中經歷的痛苦越多,冰心融化或心痛消散所需的時間就越久,但真愛的勝出只是遲早的問題。不論你是否是位牧師,只要藉著分享這個簡單有力的信息,你每天都可以把希望帶給人們。請告訴人們,在這位天父的每一個心思,每一個意念裡,徹頭徹尾地,切望著祂的孩子們。

> 且觀看神的作為,然後就照著去做……而神大多數作的,就是愛你。(以弗所書5:1 MSG)

## 用我們的話帶來生命

耶穌是完美的典範,祂顯明了新約中的生命該是什麼樣子。如果我們看見了耶穌如何去愛,我們便可以請聖靈給我們力量,以同樣的方式去愛人。為了更深入來看耶穌的心,且讓我們看看,祂是如何對待祂的新婦,即是教會——也就是所有過去,現在,及未來世界各地的信徒。

> 丈夫帶領他的妻子,一如基督帶領祂的教會,但不是藉著頤指氣使,乃是藉著珍愛疼惜……作丈夫的,傾全心來愛你們的妻子,正如基督為祂的教會所做的一樣——一種愛的特徵:是給,而非取。基督的愛,使教會完全。祂的話語喚起她的榮美。凡祂所做的,所說的,都是要把她最好的一面帶出來,為她穿上耀眼奪目,散發聖潔光彩的白紗。這就是丈夫們應該如何愛妻子的方式。他們這麼做,其實是幫了自己一個忙——因為他們已經在婚姻中「合而為一」了。沒有人會虐待自己的身體,不是嗎?不會的,他會供養寵愛自己的身體。基督就是這樣待我們——祂的教會,因為我們是祂肢體的一部份。(以弗所書5:25-30 MSG)

雖然,這也是給任何想要娶個公主回家的丈夫的絕佳良言(如果你懂得待妻子如公主的話,那你肯定就是駙馬爺了)。在這裡,我是要用它來說明耶穌驚人的愛。

耶穌不斷地跟你說肯定,鼓勵與慈愛的話語,以喚起你的美麗,因為你與耶穌是合而為一的了。所以無論祂對你做什麼,祂也是如此對祂自己。

來想想這其中的道理吧。

---
**耶穌絕不會以任何拆毀你,或貶低你的方式向你說話,因為這無異於把祂自己和你一起拖了下水。**

---

凡祂所對你做的,也是對祂自己做的,因為從你接受耶穌的那一刻

起，你便在永世無窮的愛的盟約裡，與祂永遠連結了。

這就是為何保羅在羅馬書8章說，唯一有權審判你的是為你死的那位——耶穌，祂處處為你著想。這也是為何保羅在提摩太後書2章13節說：「我們縱然失信，他仍是忠實可信的；因為他不能背乎自己。」

祂對我們有無限的耐心，也一直珍愛著我們，因為祂畢竟是忠實於祂自己的。況且，耶穌並不要一個沮喪憂鬱的怨婦。

---

祂要的是一個散發美麗光輝的新婦。
因此，祂要說出我們美麗與偉大的真相，
直到我們領悟到這真理，
好讓我們成為祂所切望擁在身邊，
一位光彩奕奕，沐浴愛河的新婦。

---

耶穌說：「正如我愛你們一樣，這是你們彼此相愛的方式，絕不要拆毀別人，因為你與我，以及彼此是一體的了。」

## 分享正確的信息

我們過去是怎麼認識神的？是因為我們很聰明，自己想出來的呢？還是因為祂先向我們展現祂的慈愛，良善與憐憫，然後我們才回應祂呢？

> 愛的奇妙之處不是我們愛神，而是祂先愛了我們，甚至差派祂的兒子，將阻絕在我們和祂之間，罪的障礙，都挪去了。（約翰一書4:10 BNT）

我們每個人到祂面前，是因為祂以我們無可否認的方式觸摸到我們的心。神打破我們的痛苦，自我防衛及冷漠的高牆。祂使我們無法抗拒祂，供給我們迫切需要的愛，寬恕與接納。

> 誠然，耶和華的憐憫不致斷絕，祂信實的慈愛也永無止盡；每早晨，這些都是新的；你的信實極其廣大！（耶利米哀歌3:22-23 NJB）

當我們以祂大使的身份向世人代表神時，我們必須要有正確的信息。神已經接納祂的兒女，所有的兒女。早在我們認識祂的愛，並接受在永生裡與祂在一起的邀請之前，祂已經接受了我們。

我們把傳福音這事，變得太過複雜。神傳福音的策略十分簡單。耶穌是這樣解釋的：

> 讓渴了的人，到我這裡來！讓凡信我的人來喝！就如經上所說：「從他心中要流出活水的江河來。」（約翰福音7:37-38 NJB）

我們是被聖靈大大充滿的，是充滿著耶穌的復活大能，是充滿著天父的大愛，這些從我們裡面泉湧而出－使神轉化更新的同在，能毫不費力地溢流到我們的四周。耶穌跟祂的門徒說：「你們白白地得來，也要白白地捨去。」[1]

---
**因此，關鍵不在於給出去，
而是在能成為一個領受的高手；
因為，我們無法給出我們所沒有的。**

---

一旦我們經歷到神豐沛的愛，我們將會有滿溢的愛，得以真誠，超自然的方式去愛人。神要使用充盈滿溢的我們，將生命，盼望與復甦，帶給那些乾枯，切盼著永生活神的人們。

有些基督徒似乎相信，他們的工作就是要跟別人說，他們有多麼罪孽深重，並警告他們小心迫在眼前的地獄，因為他們沒有遵照神的標準來活。這種做法基本上是錯誤的。我們生來就有罪性，要讓人明白這一點，我們顯然是需要一位救主的。但這職份，純屬聖靈的工作！耶穌在約翰福音16章7至11節描述了祂的角色 (TSNT)：

> 我告訴你們這個真理：我離開是為了你們的益處。如果我不離開，被呼喚來到你們身邊，幫助並鼓勵你們的那位就不會來了。因為我離開，我將差派祂來到你們這裡。當祂來時，祂要讓世人相信有關罪，稱義，及審判的真理。罪是因為他們不信我，而在神面前稱義，是因為我將往父那裡去，並且你們將不再見到我，還有是關於審判，因為這世界的王現在受到審判了。

出於一片好心，卻義憤填膺的基督徒，去到了一些團體組織和大型慶祝活動，因著他們不同意人們所做的選擇，便喊出可怕的謊言，像是「神討厭你！」。接著描述，神要讓他們下的地獄，其火焰如何烈熱灼燙，這讓我看了十分傷心難過。在我這一生中，我還未曾見過任何一個倍受騷擾又被仇視的人會停下來說：「我現在明白真理了。多謝了。告訴我如何來認識這位討厭我的神。」

如果你曾經從基督徒口中，聽到這些憤恨不平的言論時，我代表那些曾傷害過你的人，誠心謙卑地懇求你的寬恕。任何仇恨的試圖帶給你羞愧與定罪，而非復原與自由，皆非來自阿爸天父的心意。事實是，祂愛著你，接受你成為祂的愛子。請放開傷痛，繼續你與祂的親密之旅吧！

信不信由你，多數人——信徒和慕道友都一樣——其實都很明白自己的缺點。在他們內心深處，他們知道自己需要一位英雄，一位救主來為他們做自己做不到的事。他們所少的那一塊拼圖，而且是他們迫切需要知道的是：有一位造他們的天父爸爸，比他們更了解自己，祂全心地渴想著他們，絕不會數算他們的罪愆。 他們無法信靠一位被描述為怒火中燒，滿心憤恨，又一肚子火的神。怎麼能呢？誰會奔向這樣的一位父親呢？許多支離破碎的人，就是在忍受這樣虐待人的父親，一有辦法就選擇逃得遠遠的呢。

---

> **誤將慈愛天父，**
> **化為一個要把孩子丟進地獄火坑的憤世者，**
> **這對誰都沒有好處。**

事實上，有一次耶穌遭人輕慢時，祂的門徒問祂：「你要我們吩咐火從天降燒滅他們嗎？」² 他們這麼問也是無可厚非，因為他們知道在聖經裡有前例可循。還記得以利亞吩咐火從天降，燒死巴力的祭司嗎？³ 門徒也許在想，他們應當勇氣十足，信心滿滿地跨出去，做聖經中偉大先知所做的事。耶穌的反應讓他們大為驚駭。

> 祂轉身斥責，嚴厲地責備他們。祂說：「你們不知道你們存的是什麼心。因為人子來不是要毀人的生命，而是要救人的生命。」
> （路加福音 9:55-56 AMP）

正如我們在第十章所寫的，神給我們的角色是和好的大使。我們牽著眾兒女的手，帶領他們投入阿爸天父張開的雙臂中。和人們分享這深切改變生命的真理，此乃我們至高無上的榮幸。

當你以天父的愛，祂對你的喜悅，祂的恩慈，憐憫與溫柔來餵養自己時，你就會影響那些祂擺在你身邊的人。這位基督在你裡面，透過你實行的計劃是如此簡單，以至於我們很容易視而不見，卻藉著傳福音來平息神怒取而代之。神怒，不需要人來平息——耶穌在十字架上已完全解決了。

---
*神要的是：*
*湧現愛意的戀人……暢飲而流瀉出祂的人……*
*榮光滿溢的器皿……像宇宙繁星閃耀的光明之子！*

---

## 人人都有無窮的價值

我有一次奇特的殊榮，在深夜和同工們去舊金山的街頭，把一頓頓熱食和一句句神的愛與接納的貼心話，帶給那些蜷曲在別人門口或陋巷中無家可歸的人。第一次的街頭探訪中，有一個對我特別有影響力的經歷。當時，我們一組人覺得沒什麼頭緒，便試著接觸一些遊民，他們在商家打烊後許久，還棲身在門口通道，身上殘留著一股尿騷味。他們見

到我們很開心，緊抓著皺巴巴的牛皮紙袋，裡面裝著酒瓶。我們發放著熱食，給這些心存感激的人們。就在倒熱咖啡給一隻發抖的手時，我突然注意到，他們當中有人醉倒在地上，沒有能力坐起來或站起來。

我靠近他，跪下來貼近他的臉龐問道：「你想吃點東西嗎？」他閉著的雙眼，睜開了一會兒，試著注視跟他說話的這陌生人。他一語不發，再度閉上雙眼，退回到爛醉如泥，半清醒的狀態。我堅定地，對這年輕人充滿了無法言喻的憐憫，於是湊得更近，以輕柔溫暖的語調說：「你在天上有一位父親，祂全心地愛著你。」

我納悶想著，處在這種情狀下的年輕人，剛剛這句話，他是否聽了進去；但我繼續說：「神並沒有忘記你。祂一直都與你同在，祂也一直都顧念著你。」對我肯定的話語，他還是沒有反應或感覺。不知何故，我知道，我帶著盼望的聲音，他並沒有充耳不聞。我跟他說：「祂是如此地以你為榮，稱你是祂的兒子。」剎那間，他眼中湧現的淚水滾落在他的臉頰。他再次睜開眼睛，這回雙眼更加明亮，眼中交雜著盼望和羞愧的神情，直視著我的眼睛。

我幾乎可以聽到他的思緒在問：這是真的嗎？

透過他的靈魂之窗，窺見了他可貴的靈魂，於是我重覆天父接納與肯定他的真理。他其實並沒跟我說半句話，但他的眼神傳達了由衷的感激，而且多了前所未有的一線希望。我祝福他平安，求神保守他的心。接著我們一行人繼續前進，期待能遇見其他需要食物，靈魂需要盼望的人。在我還未回天家時，我可能永遠都不會知道，我所說的這些父愛與接納的話語，對這位年輕人會有什麼樣的衝擊，但我知道這些話語，絕不會徒勞枉費。

---
**愛絕不徒勞枉費，因為真愛能勝過一切！**

---

我們愛的阿爸父說：

> 雨從天而降，並不返回，卻灌溉大地，使地上發芽結實，使撒種的有種子，使要吃的人有糧。從我口所出的話也必如此，必不徒

然返回於我，卻要作成我差遣它去作的事。（以賽亞書55:10-11 CEV）

## 不再有論斷

我的工作不是要試著修復那些無家可歸的人，或告訴他，他正在鑄下人生的大錯。

> 你這論斷人的，無論你是誰，也無可推諉。你在什麼事上論斷人，就在什麼事上定自己的罪；因你這論斷人的，自己所行的卻和別人一樣。（羅馬書2:1 NIV）

我們和這年輕人並無不同，因為：「基督在我們還作罪人的時候，就為我們死了。」[4] 若不是神先以溫柔與憐憫，找到了我們，我們原是沒有能力找著祂的。

---
**當我們選擇論斷他人，而非擴展天父的愛與憐憫時，我們就喪失接觸那個人的資格了。**

---

神當然會使用別人來做修復的工作，然而，當我們選擇回到基督，愛的心意裡時，我們就能知道聖靈當下在作的事。我們的工作是愛人並帶給人盼望；這盼望，是當我們在與他們分享神愛的心意時，就會來到的。

當耶穌時代的宗教領袖們，帶著一名行淫中，被逮個正著的婦人，來找祂時，他們想藉由問祂該如何處理這件事，來讓耶穌落人口實。他們一清二楚，在律法下，她應該被石頭砸死。耶穌回答說：

> 你們中間誰是沒罪的，誰就可以拿石頭打她。（約翰福音8:7 NIV）

其中年紀最長的和最有智慧的首先離開，接著人群一一散去，直到

只剩下耶穌和那婦人——耶穌，一生未曾犯罪，而這婦人與有婦之夫行淫，被逮個正著，羞愧得無地自容。（你應該問，那個與她通姦的男人應該一起被抓吧？那個莫名失蹤的男人又在哪裡？……但這又是另一回事，容後再述吧！）耶穌的回答，將祂與祂天父的心意，表露無遺。

> 沒有人定你的罪嗎？我也不定你的罪。去吧！從此不要再犯罪了！
> （約翰福音 8:10-11 NIV）

耶穌是在跟她說：「我來的目的是要讓你看見天父的心意，祂寬恕了祂的兒女。你所做的並不是真實的你。選擇活出你公主的真實身份吧！」

耶穌體現了我們天父的心，祂鼓勵我們持續去接觸那些不明白自己真實身份而受傷的人們。

> 我的話語將再次傳遍大街小巷，但這回將映照出我的心意。它將不再是懼怕與論斷的吼叫，而是我憐憫與慈愛的呼喚。不要因為以前做錯了，便就此裹足不前。來成為我的聲音，向世人作我愛的大使吧！我是帶著大能來的。你將會看見前所未見的神蹟奇事。我的愛，能以前所未有的大能，來醫治人們受傷的心靈。別低估了你能向失喪，受傷與破碎的人，呼喚的力量。宣告生命得勝！[5]

## 愛與大能

耶穌告訴我們在信的人，一生會有神蹟奇事，接連發生。[6] 人們要看的是真實的東西。有時神的大能使祂的愛，以無可否認的方式被彰顯出來。只要記住，即使是在大能的神蹟中，愛才是人們最渴慕希冀的東西。

當我在巴西服事時，有一位名叫泰瑞莎的少女，她鬱鬱寡歡地前來領受醫治禱告。我從這名少女口中得知，她雙親經歷了一次特別痛苦的離婚，從此她便與重度憂鬱症掙扎搏鬥著。泰瑞莎顯得羞愧地講述，在

她憂鬱和焦慮的狀態下，她反覆拔掉所有的眼睫毛和眉毛。她的眼睫毛雖然長回去了，但她的眉毛始終沒有復原，因為持續的自殘，使她眉毛毛囊留下一道傷疤。由於這狀況造成她自慚形穢，泰瑞莎哀傷的眼睛，幾乎不敢和我同情的目光對望。她求神蹟來恢復眉毛，但更深深藏著的需要，卻是她靈魂的恢復。很明顯地，她在與自我仇恨及自慚形穢中掙扎。看著泰瑞莎，我所能感受到的是，天父對祂寶貝女兒強烈的愛意與肯定。

我注視著她的眼睛，溫柔地宣告阿爸父對她的愛。「泰瑞莎，妳在天上的爸爸全心地愛著妳。祂向妳說：『妳是我心愛的女兒，我非常喜悅你。』」熱淚從她臉上滾滾而下。

「妳是我特別的公主——阿爸的女兒！不論妳做或是不做什麼，將永不會改變我對妳的款款深情。妳是我一直想要的寶貝。妳讓我好快樂，泰瑞莎！」當她的心明白這些生命的話語時，她的神情便柔和了下來。

肯定了她在天父心中的地位後，我拿起基督裡的權柄，宣告創造性的奇蹟，去行眉毛毛囊的恢復，並讓眉毛快速長回來。當時，我並不知道主會多快成就這事。

泰瑞莎是我當晚代禱的最後幾個人之一，時間將近午夜。我們團隊第二天早上八點回來，繼續在我們主辦的特會中教導。當我走進教堂時，我聽到房間另一頭傳來驚喜的尖叫聲。泰瑞莎興奮地揮舞著她的手，帶著滿滿的笑臉，連跑帶跳地向我迎來。現在，這真是個君王的女兒了！

她在我跟前停下來，興奮地指著她的眉毛喊說：「你看！布蘭特牧師！」

我仔細一瞧，她兩道眉毛都長出了四分之一英吋的毛根！無可否認地，神在人世的自然界中，以超自然的觸摸，醫治了泰瑞莎。更重要的是，這神蹟正是這公主所需的，好讓她確信了八小時前在她身上所宣告的愛。

我相信，能正確地向天父世上的兒女，顯出祂真正的心意，這是我們至大至高的殊榮。

---
**這就是服事的真義。**
**服事是將你從神那裡領受到的愛給出去，**
**不論祂是如何帶領你去做的。**
---

其他的一切，只會導致我們走回「求表現」的老路上——那條試著為神做些什麼，希望祂會因著我們的努力，認可我們，滿意我們的路。請記住，你蒙祂喜悅只因為你是歸屬祂的人——耶穌已經為你辦妥了「表現」這個部份。你的生命，是獻給主的馨香晚祭。祂澆灌給你的，你就傾倒出來。這是你生來要做的事！

> 效法神；你是祂的子嗣。做法是，讓愛成為你的生命；如同基督在十字架上為我們捨己的愛。祂的愛是有感染力的，並非心不甘情不願，而是充沛豐富的。犧牲的愛，蒙神喜悅，就如敬拜中甜蜜的馨香。（以弗所書5:1-2 TMT）

## 你正在改變世界

如果你覺得你無法改變這世界，我想提供你天上的觀點。你每次和人分享一些天父的愛時，你就帶來巨大的改變。

---
**你的每一個微笑，每一句慈言，**
**每一次對別人的饒恕與憐憫，不僅影響了那人的生命，**
**更會被神使用在擴展天國的漣漪效應上，傳遍全地。**
**這，便使你成為一個真正改變世界的人！**
---

這是耶穌的時代，釋放者的時代，宗教法規不再重要——現在不講這一套了，這一套已落伍了。唯一能在神的記分板上記上一筆的，就是以神的話去愛人……你已蒙揀選，已自由。但這不是「胡作非為」（或是舊日的我愛做的事）——不，這是為他人益處著想的自由，因為你愛他們。（加拉太書5:6，《街上的話》(The

Word on the Street)）

這裡最後一句「為他人益處著想的自由，因為你愛他們」，這句話，就是盟約之愛的最佳定義。盟約之愛說：「我在這裡處處為你著想！」這是神一直給你的應許。這也是何以你有能力，為他人也如此做的原因。

---
**所以我們真正需要的是：**
**多而又多的啟示，和經歷神無止盡的愛；**
**好讓我們能無限量地將它帶給每個遇到的人。**
---

這正是保羅為我們禱告的事。

> 我請神挖掘祂不可思議的豐富，並加增祂靈裡超自然力量的供應，直流入你的內心深處。我懇請你們接上釋放者——那愛的源頭，並讓你的頭腦（及心靈），來適應祂的多次元空間：這愛的大小，規模，深度，密度，範圍，廣度和質感，在在都遠遠超越了量子物理學；它們無法被壓縮套進某種公式——它們無法被測量。但當你試著接上祂時，你的身量會被擴大，好使你有更多的空間讓神來填滿——祂愛的供應，永不短缺！（以弗所書3:15-19,《街上的話》(The Word on the Street)）

且靜下心來，讓神的同在直流入你靈魂深處。阿爸父支持你，祂對你豐沛的愛，正透過你，帶給世界巨大的改變⋯⋯一次愛一顆心。

心灰意冷的解藥是阿爸父的認可與肯定，這是你有的！

困倦疲乏的解藥，是安息在祂慈愛恩惠的懷中，這是你現在就能享受到的永恆產業。

失去盼望的解藥，是祂已確保，凡祂在你裡面開始的，祂會完成——祂一定會做到！

你是蒙神揀選，被神疼愛，被神切慕，蒙神祝福，受神寵愛，被神珍惜，被神鍾愛，被神呵護，被神關懷，被神尊重，被神重視，被神寶

貝,被神渴望,被神賦予無價之寶的人。

　　祂跟你說:「不斷把我的愛給出去。你做得比自己以為的,好得多了!」

---

## 默想與回應

- 如果主今天問你:「愛,你學會了嗎?」你會怎麼回答?
- 知道愛絕不會徒勞枉費,你今天會如何以愛來接觸人呢?
- 最近你在哪裡論斷人而非給人盼望呢?若是可能,你會如何與這人和好如初呢?
- 請神今天將某人擺在你面前,是一個正需要聽見神愛與接納這好消息的人。
- 身為一個改變世界的人,你今日想如何以一個簡單的愛的行動,去帶來改變呢?

# 第十二章

# 天父的祝福

**想**像你是亞當。(你還記得他嗎?神創造了這小伙子,好讓自己可以當爸爸,這樣就有了對象,可以讓祂愛個夠。是的,就是他。)

好,你是亞當,剛剛被造。你有你的身體,你的頭腦,你的情感,你的渴望和創造力(因為你是照著祂的形像造的)。嗯……還差什麼呢?啊,對了。你的眼睛還沒睜開。你也還沒有氣息。神正要將生命氣息吹進你裡面去。

祂靠近你……再近一點……和你面對面。啊啊啊啊啊——屬天的氣息現在填滿了你的胸膛。你的眼睛生平首次張開來。阿爸就在那裡,給你生命氣息。

你睜眼後第一眼看到的會是什麼呢?祂臉上的表情是什麼呢?(是失望的表情嗎?生氣的表情嗎?不可能!)只要想像祂注視著你時的表情,是愛意。是深情。是讚賞。是溫柔。是驚嘆!

這是亞當第一眼看見的表情。

祂依然如此地看著我們!

## 祂深情的注視

很久很久以前,你永在的阿爸盼望你出生,好以厚愛來恩寵你。很久很久以前,你永在的阿爸,在你裡面放進了一個夢想,祂定意,當你哇哇墜地來到世間時,便可實現。祂在每個孩子裡的夢想都是獨一無二的,然而,每個夢想都有相同的成份,就是更多地享受與祂越走越深的親密關係,並向你所接觸到的每個人,展現祂榮耀的同在。這會如何彰

顯，完全因人而異。與神一起來發掘祂給你的獨特方式，來改變世界，然後再全部給出去！

在你與天父同行的生命旅程中，有幾件發自祂內心，要你記住的事：

> 我並非忍受你，也沒有厭棄你。事實上，我為你著迷，為你傾心，為你癡狂，對你一往情深。
>
> 因為我事事為你設想，我將你擺在一個成功的位置上，甚至使用你自以為的失敗，將你推進為你設計好的命定裡。
>
> 我沒有看見你裡面「人格上的缺陷」；事實上，當我看著你時，我只看見我完美創造的榮光。任何使你黯淡我榮光的東西，我會以愛意將之挪去。
>
> 雖然有人說世上沒有超級巨星，我想提醒你，我的兒子，耶穌，是永不殞落的超新星 (Supernova)，祂從你裡面迸發開來，使你成為銀河系閃耀群星中，一顆光耀無限的星辰。當你展現著我的光與生命，並白白地給人時，你便帶給我極大的喜樂與欣悅。
>
> 別忘了此時此刻，以及我們在永恆裡的每時每刻，我都愛著你。

阿爸父的愛，真的有我在書裡描述的那麼好嗎？事實上，祂的愛遠比我筆墨所能形容的任何事物還要好。但我盡可能做的就是，傳達比我們所能理解的更良善，更溫柔，更憐憫，也更恩慈的心意。請讓你自己全心地相信：「這是真的！我天父阿爸的心意，就是這麼好得無比！」

---

你將有永恆的時間，來探索神對你浩瀚甜美，
熱情深切的愛；但在此生此刻，
請一頭鑽入這愛中，想要多深，就入多深。

---

讓天父來幫助你──祂非常樂意！

## 祂以愛為旗

當主對你說：「我已帶你到我的筵宴所裡，以愛為旗在你以上。」[1] 祂所說的，遠遠超過「我為你預備了一桌大餐，你頭上掛著一面大大的招牌」。它實際上不只是個宴筵所，字面意義更近似酒莊。[2] 而旗幟不是一面招牌，它是一面迎風招展升起的大旗，是勝利和歡欣的景象。

所以這麼看吧。天父引領你進入與祂最深的親密關係中。當你舉杯慶祝你們永世長存的關係時，祂情不自禁地，突然拿出你未曾見過最大最榮耀的旗幟。這面繡滿愛的旗幟，在風中招展時，閃耀著祂榮光片片的光彩，宣告你與祂愛的關係，已永成定局，因為耶穌在十字架上的勝利已經永遠成就了此事！

祂喜不自勝，開懷大笑，陶醉在你與祂永不改變的關係中，並在兩情相悅中，彼此永遠深情地對望著。為了不讓你以為我在誇大其詞，請記住祂向你說的話：

> 我的佳偶，你全然美麗，毫無瑕疵！……你用眼一看，便奪了我的心。（雅歌4:7,9 NJB）

怎麼可能祂看你是毫無瑕疵呢？我非常樂意來提醒你，耶穌愛教會，就是祂的新婦，並且「為教會捨己。好叫祂得以用水，藉著道把教會洗淨，成為聖潔，作榮耀的教會，來獻給祂自己，毫無玷污、皺紋等類的病，乃是聖潔沒有瑕疵的」。（以弗所書5:25-27 NASB）

當你知道你是被神如此寶貝珍惜著時，你就會覺得自己可愛且看起來容光煥發了！那些認識到自己是屬於神，而產生的狂喜，並深信不疑自己是蒙祂所愛的，將是這末後日子裡最有影響力的人。

在本書開頭時提到，與神的愛真實的相遇，這經歷對我們的更新是很重要的。因此，我為每位讀者殷切的祈禱是：你們得以一種前所未知的嶄新方式，對天父的愛更深信不疑。我也為你們禱告，此生在經歷祂的柔情之路上，現在就已有許多真實的相遇了。

> 只是頭腦知道神愛你的事實，是不夠的。
> 阿爸每一天都邀請你，來與祂愛的相遇，
> 如此，你將明確地感受到祂與你的心，
> 緊緊地纏繞在一起。

我明白我們基督徒並不單靠著感覺生活。然而另一方面，在一個愛的關係中，若愛的感覺不存在，是怎樣都說不通的。

我鼓勵你持續不斷地大聲說：「阿爸，祢愛我！」直到這成為你的事實。即便是你現在還未感受到，這真理將會滲透你心，一直到有一天你明白到祂的愛，比你生命中的任何事物，都來得更加真實。無人再能動搖你了。持續走在與神親密相交的友誼之旅吧！

## 領受天父的祝福

每個人都渴望來自天父真實的祝福。你即將領受到的天父祝福，是真的。這是給你的。大聲唸出來並領受它，不論幾次，不論要多久時間，直到自己相信為止。在骨子裡領受天父的祝福，這將會永遠改變你的生命！

請聽天父對你的祝福：

> 我最棒的兒子，我寶貝的女兒，你是我心所愛的孩子，你使我心滿意足！我是傾心於你的那位父親。我愛你！我一直都愛著你！我愛你，不是因為你能為我做什麼。我愛你，是因為你歸屬於我──沒有其他別的原因。你是屬我的！我以熱情，強烈且永不動搖的愛來愛你，我永不改變我的心意。
>
> 我不僅愛你，我真的好喜歡你！我喜歡我的創造。你是我的傑作。我喜歡你的一切。當我造你時，你就是我的美夢成真。我以你為樂。我慶賀你。我為你跳舞，為你高唱樂歌。我非常以你為榮。我欣喜地稱：你是我的。你做得真好！你做得比自己以為的，好得多了。我的孩子，繼續下去。要知道：你夠資格。你夠好。即

使別人不以為然，然而，聽我真理的聲音才是唯一重要的。你絕對是驚世之作。你是我的成功故事。我要給你的祝福尚未了！請看我如何成就你的生命。

我的孩子，我全心全意地祝福你，沒有一絲不情願。我將為父的祝福賜給你！祝福你，是我的心願。所以，我以我的恩惠寵愛來祝福你。我以我的恩慈良善來祝福你。我以我無盡的恩典來祝福你。我以我的平安祝福你。我以我的喜樂祝福你。

我以我國度裡全部的產業祝福你，這些產業透過我的兒子耶穌，現在都是你的了。我所有的一切都是你的！我毫無保留，因為你屬於我。你是我揀選的王子，揀選的公主，可以大大方方地進入我的國度。我皇族的身份就在你的血脈裡！

要知道，不論如何，我都在你身旁支持你。我全然為你著想——一向如此。我全心切慕你，你永遠是我心所屬。我所愛的孩子，我的心是你安居的家。請進來我的心，請進到我國度的喜樂裡吧！

不必改天，就是現在！[3]

同意這些祝福，對你心領神會這些事實，是非常重要的，我邀請你大聲說出這些話，給你的天父聽，祂正開心地聆聽著：

阿爸，我同意！我是你的孩子——你的兒女，你的王子／公主。

我領受你給我的愛，我也回應你說：「我全心愛你！」

我明白，我對你所表達的愛，已經讓你神魂顛倒了。我不知，我是何以有此殊榮，能以別人做不到的方式，帶給你極大的喜樂。

我同意我不需做任何事來帶給你這喜悅，因你早已喜悅我，我也已屬於你。

我是你所應許，蒙祝福，倍受寵愛的孩子——我已活在新約豐厚的恩典中——這是我在基督裡，白白得來的厚禮。

你已將你的靈放在我裡面來帶領我，安慰我，並確保我勝利成功。

我從不孤單。

你永遠力挺我——不曾與我對立。

你以我為樂。

你喜歡我。

凡是你的，也都是我的了。

我永不需要再為已是我的東西而奮鬥——特別是你的肯定與你的愛。

我是倍受疼愛的。

謝謝你，阿爸！

　如果你想加上自己想說的話，就說吧！聽見你甜美的聲音，祂很高興。

　我祝福你繼續走在這條深入天父心懷的路程。我向你保證，從此只會越走越好，漸入佳境。你的天父將確保，一定如此！

---

## 默想與回應

- 回想一下，書中那些深得你心的字句－那些讓你流淚的地方，那些讓你喜樂的地方。如果需要，將這些重要地方標示出來，好讓你能容易找到，然後，請將自己浸泡在其中。也請持續將你的感想寫在日記裡，因阿爸父肯定會對你說話的。一旦你明白了祂的真性情，所有的謊言都將原形畢露，即使它出現，也會以最快的速度被消滅的。
- 你想要如何將天父的祝福，釋放給他人呢？

孩子，你可知我有多愛你？

# 尾註

## 第一章：全心全意愛你
1. 羅馬書 8:15
2. 詳情請參考："The Primacy of Human Touch" by Ben Benjamin, PhD, and Ruth Werner, LMT, H-E-A-L-T-H Touch News (http://www.benbenjamin.com/pdfs/Issue2.pdf)
3. 約翰福音 3:7
4. 約翰一書 4.16

## 第二章：愛你無人能及
1. 你可以在哥林多前書2:9-16讀到你的靈與聖靈的直接連結。
2. 羅馬書 8:38-39
3. 哥羅西書 2:15
4. 羅馬書 8:28
5. 若你需要這方面的幫助，可以參考這些資源：大衛・西曼斯 (David Seamands) 所著的《贖回過去：走出痛苦的回憶》(Redeeming the Past: Recovering from the Memories That Cause Our Pain) 和《受損情緒的療癒》(Healing for Damaged Emotions)，以及弗里森 (Friesen)，魏爾德 (Wilder)，畢爾靈 (Bierling)，柯克 (Koepcke) 和普爾 (Poole) 所合著的《模範人生：活出基督給你的心》(The Life Model: Living from the Heart Jesus Gave You)。
6. 這些阿爸父對你慈愛的表述取自於希伯來書 13:5，約翰一書 3:1，何西阿書 2:14，希伯來書 12:7，以及以賽亞書 43:1。
7. 路加福音 23:24 KJV
8. 馬太福音 10:8 NLT
9. 路加福音 1:37；腓立比書 4:13
10. 瑪拉基書 4:16

## 第三章：鍾情於你

1. 彼得後書 3:9
2. 啟示錄 3:5
3. 約翰福音 14:6
4. 哥羅西書 1:15
5. 希伯來書 12:23
6. 路加福音 15:8-10
7. 啟示錄 1:14; 2:18; 19:12

## 第四章：慶賀你

1. 希伯來書 12:2 NIV
2. 詩篇 139:17-18
3. 參考約翰福音 3:35
4. 參考雅歌 6:3，以賽亞書 43:4，詩篇 139，雅歌 4:7, 6:9，羅馬書 8:38-39，耶利米書 31:3，以弗所書 3:2，西番雅書 3:17，雅歌 2:10
5. 詩篇121:4
6. 耶利米哀歌 3:23
7. 以弗所書 3:18-19

## 第五章：一心成就你

1. 腓立比書 1:6
2. 哥林多後書 3:18
3. 耶利米書 29:11 NIV
4. 羅馬書 8:28
5. The Source New Testament，安・奈蘭博士 (Dr A. Nyland) 著作，P.345
6. 約翰福音 18:18
7. 約翰福音 21:9
8. 約翰福音 21:9

## 第六章：不惜一切代價恩寵你

1. 路加福音 15:11-32
2. 路加福音 15:17
3. 請記住是神的良善帶領我們悔改（羅馬書2:4）
4. 希伯來書 10:17
5. 哥林多後書 5:20
6. 布里南・曼寧 (Brennan Manning)，《衣衫襤褸的福音：給那些一身污穢，破敗不堪，筋疲力盡者的福音》(The Ragamuffin Gospel: Good News for the Bedraggled, Beat-Up, and Burnt Out)，Colorado Springs, CO: Multnomah Books，2005年，p.22
7. 羅伯特・卡彭 (Robert Farrar Capon)，《正午與三點間：傳奇律法與浩大恩典的寓言》(Between Noon and Three: A Parable of Romance, Law, and the Outrage of Grace)，San Francisco, CA: HarperCollins, 1982年，p.114-115

## 第七章：為你揭開天父的真心

1. 出埃及記 20:18-21
2. 出埃及記 34:29-35
3. 撒母耳記上 8:4-8
4. 約翰福音 14:9
5. 約翰福音 5:19
6. 約翰福音 10:30
7. 雅各書 1:17
8. 請閱讀加拉太書 3:13-29，以充份了解我們透過耶穌取得後嗣身分而承受最初賜給亞伯拉罕的祝福。
9. 啟示錄 2:4
10. 約翰福音 15:15
11. 詹姆士・何威特 (James Hewett)，《插畫無限制》(Illustrations Unlimited)，Tyndale House Publishers, 1988年，p.72-73

## 第八章：恩典的新約——難以置信嗎？

1. 創世紀 22:17
2. 你可以在創世紀 12-17 章以及加拉太書 3 章中讀到有關與亞伯拉罕所立的盟約，以及我們如何被納入這盟約中的經文。
3. 創世紀 15:17
4. 創世紀 15:6 以及羅馬書 4:3。請讀羅馬書第 4 章一整章以一窺亞伯拉罕信心更清楚的全貌。
5. 申命記 11:26-27
6. 約翰福音 19:30
7. 馬太福音 5:17
8. 加拉太書 3:24
9. 馬太福音 27:51
10. 羅馬書 6:8；歌羅西書 3:3；羅馬書 6:4；歌羅西書 2:12
11. 以弗所書 2:6；歌羅西書 2:12; 3:1
12. 羅馬書 8:33-34
13. 馬太福音 9:1-8
14. 馬太福音 9:2 NIV
15. 約翰福音 14:6. NIV

## 第九章：來享受安息吧！

1. 路加福音 18:16-17
2. 希伯來書 4:7
3. 馬太福音 10:7 NCV
4. 歌羅西書 1:27
5. 約翰福音 6:29 NIV
6. 在 2004 年八月八日，羅莉的多發性硬化症得到完全醫治。你可以上 www.kingdomofgraceministries.org 這個網址讀她的故事。
7. 啟示錄 12:10
8. 歌羅西書 2:15
9. 約翰福音 8:32

10. 約翰福音 14:26; 16:12-15
11. 史帝夫‧舒爾茲是《以利亞清單》(Elijah List) 的創辦人及編輯，這是一份先知預言的電子郵件刊物，你可以上網註冊便能每天收到信息，網址是 www.elijahlist.com。〈神打分數根據的是十字架，不是曲線圖〉全文可見於

    http://www.elijahlist.com/words/display_word.html?ID=11154
12. 詩篇 46:4
13. 以西結書 36:26
14. 約翰福音 10:27
15. 羅馬書 6:6
16. 約書亞記 1:9

## 第十章：認識你的偉大，並活在其中

1. 創世記 1:25
2. 創世記 1:31
3. 仙蒂並非她真名。
4. 但以理書 11:32. NKJV
5. 以弗所書 1:18-21
6. 克里斯‧韋羅頓 (Kris Vallotton)，《君尊皇族的覺醒》(The Supernatural Ways of Royalty)，Shippensburg, PA: Destiny Publishers, 2009年。
7. 瑪拉基書 4:2
8. 約翰一書 4:10
9. 羅馬書 2:4
10. 出埃及記 33:19
11. 哥林多後書 3:13
12. 約翰一書 3:8
13. 馬太福音 19:26
14. 《史特朗經文彙編》(Strong's Concordance) 字碼5273號—hupokrites 條

15. 約翰福音 6:32
16. 雅歌 4:7
17. 以上這番話是從底下這些章節引申出來的：詩篇 20:6；以賽亞書 43:1-2；耶利米書 1:5; 29:11; 31:3；瑪拉基書 3:6；羅馬書 8:28-39；哥林多後書 3:18; 12:9；腓立比書 2:13；歌羅西書 1:27;2:15；帖撒羅尼加前書 5:18

## 第十一章：愛能勝過一切

1. 馬太福音 10:8 NIV
2. 路加福音 9:54
3. 請閱讀列王記上 18:20-40 及列王記下 1:9-12
4. 羅馬書 5:8
5. 這段先知預言的文字是加州熾火教會牧師，卡瑞納・勞特 (Karena Lout) 所發表的。
6. 馬可福音 16:17-18；路加福音 4:18；哥林多前書 2:2-5

## 第十二章：天父的祝福

1. 雅歌 2:4
2. 《楊氏直譯本》(Young's Literal Translation)，公共領域
3. 你可以在 http://www.brentlokkerministries.com/ 這網址買到這段天父祝福的 CD 錄音，好讓你能反覆聆聽，直到它深植你心中！你也可以在 YouTube 上 http://www.brentlokkerministries.com/ 找到這段錄音的連結。

天父的祝福

孩子,你可知我有多愛你?

天父的祝福

孩子，你可知我有多愛你？

www.ingramcontent.com/pod-product-compliance
Lightning Source LLC
Chambersburg PA
CBHW050316120526
44592CB00014B/1937